Mayr/Förster • Tischtennis

Claus Mayr / Moritz Förster

Spielend Tischtennis lernen

in Schule und Verein

Limpert Verlag Wiebelsheim

Die Ratschläge in diesem Buch sind von den Autoren und dem Verlag sorgfältig erwogen und geprüft, dennoch kann keine Garantie übernommen werden. Eine Haftung der Autoren bzw. des Verlages und seiner Beauftragten für Personen-, Sach- und Vermögensschäden ist ausgeschlossen.

Bibliografische Information der Deutschen Nationalbibliothek
Die Deutsche Nationalbibliothek verzeichnet diese Publikation in der Deutschen Nationalbibliografie; detaillierte bibliografische Daten sind im Internet über http://dnb.d-nb.de abrufbar.

1. Auflage 2012

www.verlagsgemeinschaft.com

Coverbild: iStockphoto
Alle Abbildungen im Buch stammen von Fridolin und Moritz Förster.
Druck und Verarbeitung: FLORJANĆIĆ TISK d.o.o., Slovenia
ISBN 978-3-7853-1847-8

Inhalt

Tabelle 1: Abkürzungen

A	Aufschlag
DTTB	Deutscher Tischtennis Bund
F	Flugbahn
KA	Kurzer Aufschlag
L	Lernender
LA	Langer Aufschlag
P	Platzierung
PTRF	Platzierung – Tempo – Rotation – Flugbahn
R	Rotation
RH	Rückhand
RS	Rückschlag
SCH	Schupf
T	Tempo
TM	Tischmitte
Tr	Trainer oder Zuspieler
TT	Tischtennis
VDTT	Verband Deutscher Tischtennis Trainer
VH	Vorhand
VH aus RH	Vorhand aus der Rückhand-Seite (Rückhand umlaufen)
VHT/RHT	Vorhand- bzw. Rückhand-Topspin
WTTV	Westdeutscher Tischtennis Verband

Legende:
Tr = Trainer
S = Spieler
K/L = Kinder/der Lernende
Ball v. Trainer/Zuspieler
Ball v. Spieler
Ball, bei dem es mehrere Platzierungsoptionen gibt
Bälle, die über den ganzen Tisch platziert werden können

Sofern in den Zeichnungen keine weiteren Angaben gemacht sind, wird von der Tischmitte (TM) und aus der Vorhandseite mit der Vorhand (VH), aus der Rückhandseite mit der Rückhand (RH) gespielt. Wenn mit der VH aus RH gespielt wird, wird dies angemerkt.

1 Einführung

Die Sportart Tischtennis fesselt im Freizeit- wie auch im Leistungsbereich Kinder, Jugendliche und Erwachsene. Tischtennis stellt hohe kognitive Anforderungen, gleichzeitig werden motorische Fähigkeiten, Beweglichkeit und Schnelligkeit geschult, die Spieler[1] bleiben fit und gesund. Auf Klassenfahrten, in Jugendheimen, im Pausenbereich der Schulen fördert Tischtennis soziale Kontakte und soziale Kompetenz.
Die Sportart Tischtennis hat dabei in der Schule, im Verein oder auch in der Freizeit insbesondere folgende Vorteile:

- in allen Räumen und zu jeder Zeit möglich,
- wenig Lärm, keine Hektik,
- kaum Verletzungsgefahr,
- außerordentlich vielfältige Bewegungs- und Spielmöglichkeiten,
- geringe Kosten, kaum organisatorischer Aufwand,
- motivierend durch kleine Spiele, soziale Interaktion und erlebten Lernzuwachs (intrinsische Motivation).
- wenig Schwitzen, im Freizeitbereich kein Umkleiden erforderlich,

Bei dem hier vorgestellten Trainingskonzept spielen die Kinder von Anfang an am Tisch, in Klassenräumen und Turnhallen oder zuhause mit Ball und Schläger interessante Übungen. Die Spielformen sind für alle Altersgruppen spielbar, auch altersgemischte Gruppen oder Gruppen mit unterschiedlichen Spielfähigkeiten können gemeinsam trainieren. Alle Anfänger erleben einen sehr schnellen Lernzuwachs, dadurch entsteht viel intrinsische Motivation. In kleinen Spielen, häufig in Wettkampfform, eignen sich die Lernenden auch taktische und technische Fähigkeiten an.

---

[1] Zur besseren Lesbarkeit wird im Folgenden ausschließlich die männliche Form verwendet. Selbstverständlich sind die weiblichen Personen immer inbegriffen.

2 Tischtennis – Faszination eines Breitensports

2.1 Lernprozesse im Tischtennis

Tischtennis zur Unterstützung von kognitiven Lernprozessen:

Tischtennisspieler sind laut einer Studie des Zentrums für Gesundheit der deutschen Sporthochschule in Köln zusammen mit Turnern die besten Schüler unter den Sportlern. Ein TT-Wettkampf ist komplex strukturiert. Das Verhalten der Spieler in Zeit und Raum wird gesteuert durch die Ergebnisse ihrer Spielhandlungen. Jeder Ballwechsel hat einen neuen Spielstand zur Folge, die jeweiligen Spielstände werden in Zahlen ausgedrückt, dabei gibt es zwei Kategorien: den Spielstand während eines Satzes und das Satzverhältnis (Satzgewinn bei frühestens 11 Punkten). Jeweils nach zwei Punkten wechselt der Aufschlag, also immer dann, wenn die Addition der beiden Ziffern eine gerade Zahl ergibt. Im Doppel kommt erschwerend hinzu, dass beim Wechsel des Aufschlages der Spieler, der gerade aufgeschlagen hat, mit seinem Partner die Position am Tisch wechselt. Beim lauten Zählen wird immer der Punktestand des Aufschlägers zuerst genannt. Ab einem Punktstand von 10:10 wechselt das Aufschlagrecht nach jedem Punkt. Außerdem wird dann solange weitergespielt, bis ein Spieler zwei Punkte Vorsprung hat. Nach dem Ende eines Satzes werden die Seiten gewechselt.

Prozesse werden oft durch Zählvorgänge gesteuert, die bestimmten Kategorien zugeordnet sind. Im Tischtennis sind dies die Kategorien Aufschlag, Spielstand, Verlängerung, Satzende und Spielgewinn. Die Bedeutung eines bestimmten Spielstandes ist für jede Kategorie anders.

Dieses Lernen kann durch Veränderungen der Zählweise intensiviert werden:

» Wenn Sätze nach der alten Zählweise gespielt werden, endet ein Satz frühestens nach 21 Punkten, der Aufschlag wechselt nach fünf Ballwechseln; also immer dann, wenn die Summe der beiden Punktestände durch fünf teilbar ist.

» Bei manchen Trainingsformen ist die Neunerzählung günstig. Es werden immer neun Punkte ausgespielt, der Aufschlag wechselt dabei nicht, es gibt keine Verlängerung; das deutlichste Ergebnis ist dann 9:0, das knappste 5:4. Insgesamt sind nur fünf Endergebnisse möglich.

Fünf von acht Multiplen Intelligenzen werden trainiert: Howard Gardner

Der Psychologe Howard Gardner nimmt für sich in Anspruch,„eine umfassende Theorie des menschlichen Geistes zu geben“, er möchte seine acht Intelligenzen „als neue Definition der menschlichen Natur verstanden wissen“ (Gardner 2002, S. 58f.). Dazu gehören sprachliche Intelligenz, logisch-mathematische Intelligenz, musikalische Intelligenz, körperlich-kinästhetische Intelligenz, räumliche Intelligenz, interpersonale Intelligenz, intrapersonale Intelligenz und naturkundliche Intelligenz (Gardner 2002, S. 55–57, 69).

Tabelle 2: Intelligenzen im Tischtennis

Gardner	Im Tischtennis trainierte Fähigkeit
Körperlich-kinästhetische Intelligenz	Alle koordinativen Fähigkeiten
Räumliche Intelligenz	Wahrnehmung, Bewertung, Entscheidung
Interpersonale Intelligenz	Soziale Kompetenz
Intrapersonale Intelligenz	Emotionale Stabilität, Psycho-Regulation
Logisch-mathematische Intelligenz	z. B. Grundrechenarten, Kategorienbildung

Vor allem durch folgende Merkmale trägt Tischtennis zur Entwicklung der Persönlichkeit bei:

» Psychische Fähigkeiten wie emotionale Stabilität werden geübt (unter Stress die Kontrolle behalten), Selbstverantwortung für das eigene Handeln, Umgang mit Erfolg und Misserfolg, Sieg und Niederlage.

» Soziale Fähigkeiten werden trainiert: mit dem Spielpartner trotz Wettkampfsituation sachlich kommunizieren, in der Mannschaft oder im Doppel mit anderen Spielern und dem Coach gut zusammenarbeiten.

» Fair Play: Tischtennis ist eine Fair Play-Sportart (Entschuldigung bei Netz-/Kantenball, uneigennützige Korrektur von Schiedsrichter-Fehlentscheidungen), Handschlag vor und nach einem Einzel bzw. Doppel, Begrüßung vor und Verabschiedung nach einem Mannschaftsspiel.

» Wahrnehmungs-, Bewertungs- und Entscheidungsleistungen des Gehirns werden trainiert, auch Kreativität und Reaktionsgeschwindigkeit.

2.2 Motivation als Voraussetzung

Tischtennis hat einen hohen „Aufforderungscharakter“ (vgl. Heckhausen, 1989) das Spiel macht Spaß. Wichtige Elemente sind kleine Spiele mit Ball und Schläger, die Interaktion untereinander, aber auch der Wettkampf als solcher. Ziel des Trainings ist, dass die Spielfreude im Laufe der Zeit erhalten bleibt oder noch größer wird. Es sind aber bei den einzelnen Spielern weitere Motivationen in unterschiedlicher Weise wirksam. Im Training sollte dies berücksichtigt werden.

Intrinsische/extrinsische Motivation:

Extrinsische Motivation besteht aus Belohnungen durch gute Zensuren, durch Geld oder durch andere materielle Belohnungen. Im Sport durch Medaillen und Auszeichnungen.

Intrinsische Motivation wird als „Lernen am Erfolg“ definiert (Zuwachs an Kompetenz). Im Training wird sie mittelfristig wirksam, wenn der Spieler merkt, dass er sich verbessert. Sie ist also unmittelbar auf den Lernzuwachs im Tischtennis bezogen. Intrinsische Motivation wird auch oft als Oberbegriff für folgende Motivationen benutzt:

» *Neugiermotivation:* Am Anfang einer neuen Tätigkeit ist sie hoch. Für die Neugiermotivation ist ein abwechslungsreiches Training wichtig. Das Erzeugen von Rotation, das Ausprobieren unterschiedlicher Schlägermaterialien, das Spiel in unterschiedlichen „Spielfeldern“ mit wechselnden Wettkampfformen erhalten die kindliche Neugiermotivation.

» *Flow:* Baut sich im Gegensatz zur Neugiermotivation während einer länger anhaltenden, anstrengenden und erfolgreichen Tätigkeit auf, zum Beispiel im Anfängertraining durch abwechslungsreiche Übungen mit viel Bewegung und koordinativen Übungen. Durch das günstige Aktivierungsniveau befinden sich die Kinder während des Trainings in einer Art Flow-Zustand. Das Gehirn schüttet Glückshormone aus.

» *Soziale Motivation:* Entsteht durch Kommunikation, durch gemeinsame Tätigkeiten, durch Erfolge als Mannschaft, durch positive Beziehungen zur Gruppe und zum Trainer, durch Anerkennung in der Gruppe. Wichtig ist auch die Unterstützung durch das soziale Umfeld, z. B. durch die Familie.

» *Autonomie:* Viele Kinder legen Wert auf die Möglichkeit, selbst entscheiden oder auswählen zu können. Sie machen dem Trainer Vorschläge für Spiele oder Übungen und möchten im eigenen Rhythmus lernen oder auch mal eine Pause machen. Die Kinder können über ihre Zeitnutzung mit entscheiden – wann sie Pausen machen, über Dauer, Häufigkeit und Intensität ihres Trainings. Im Sportunterricht lässt sich das nicht immer umsetzen, im Verein schon eher. Als Trainer sollte man differenziert reagieren.

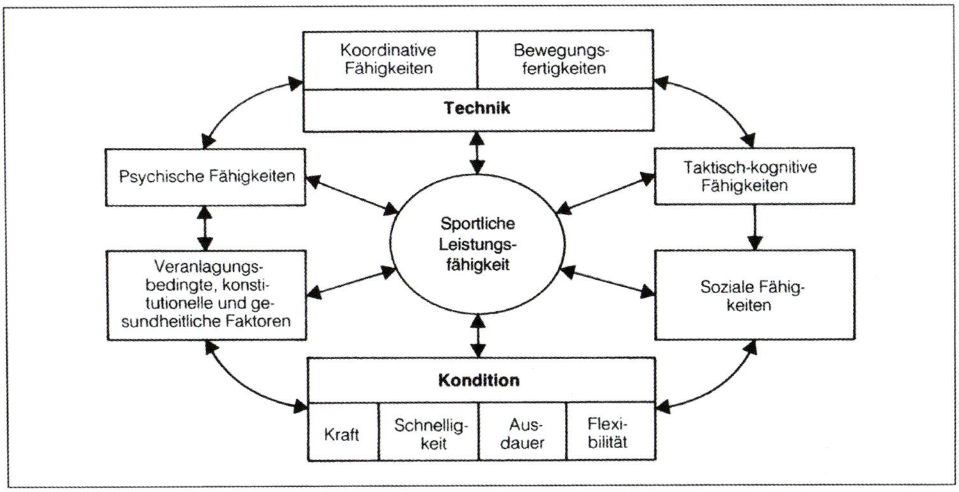

Abbildung 1: Faktoren der Spielfähigkeit (nach: Jürgen Weineck, Optimales Training, Balingen: Spitta Verlag 2007, S. 25]

3 Merkmale des Spiels

3.1 Tischtennis als Individualsportart

Zu den wesentlichen Merkmalen des Spiels gehört die Abhängigkeit der Trainingspartner voneinander. Ohne passende Trainingspartner kann ein Spieler nur wenig Lernzuwachs erreichen. Es ist schwierig, immer die richtigen Trainingspartner zu finden. Spieler sollten nicht einander zugeordnet werden, stattdessen wählen die Spieler ihren Partner selbst, ungünstige Paarungen können anschließend vorsichtig korrigiert werden. Der Trainer sollte während des gesamten Trainings beobachten, ob die jeweiligen Paarungen günstig sind. Ziel ist, dass alle gut trainieren können.

Durch die geringen Ausmaße der Spielfläche besteht während des Trainings oder des Wettkampfes eine große Nähe: Lautäußerungen, Gestik, Mimik und Körpersprache der Trainingspartner werden ständig wahrgenommen. Es entsteht schnell Sympathie oder Antipathie. Für manche Spieler ist es wichtiger mit einem Freund zu trainieren als mit einem spielstarken Partner. Andererseits entstehen im Verein oft dadurch Freundschaften, dass Spieler feststellen, dass sie gut miteinander trainieren können. Wenn ein guter Spieler häufig freiwillig Leistungsschwächere trainiert, kann der Trainer dies durch Einzeltraining ausgleichen. Wie wichtig der richtige Trainingspartner ist, sieht man daran, dass sich oft schon vor dem Trainingsbeginn Spieler mit einem bestimmten Partner verabreden. Im Schulsport ist die Situation etwas anders. Die Unterrichtseinheiten dauern nur etwa acht Wochen, die Schüler kommen nicht freiwillig, der Leistungsdruck ist trotz der „Zensuren" viel geringer, da nur selten offizielle Wettkämpfe gespielt werden (Schulmannschaften). Und die sozialen Strukturen, die sich im Verein erst während des gemeinsamen Trainings nach und nach entwickeln, sind im Klassenverband schon vorgegeben.

Bei Mädchen stehen soziale Aspekte deutlich im Vordergrund. Sie brauchen andere Mädchen als Trainingspartnerinnen und vor allem zum Plaudern, möglichst in einer ruhigen Ecke oder im Umkleideraum, aber selbst da sind sie wählerisch. Längst nicht jedes Mädchen wird als Partnerin akzeptiert und auch an die Übungsleiter werden höhere und andere Anforderungen gestellt als von den Jungen. Da die Jungen aber in den meisten gemischten Trainingsgruppen deutlich in der Überzahl sind, bestimmen sie das soziale Klima. Mädchen suchen sich dann eine andere Sportart oder wechseln in TT-Vereine, die über mehrere Mädchen- bzw. Frauenmannschaften verfügen.

3.2 Die schnellste Rückschlagsportart

Tischtennis ist das schnellste Ballspiel der Welt: Auf einer Distanz von oft nur drei Metern rast der Ball mit Spitzengeschwindigkeiten von 150 km/h hin und her. Extreme Spin-Schläge lassen den Ball mit 10.000 Umdrehungen pro Minute rotieren.

Das heißt, dass bei schnellen Ballwechseln des Spitzentischtennis die Zeit, die zwischen dem Balltreffpunkt und dem Aufticken auf der gegnerischen Hälfte vergeht, oft weniger als eine Zehntelsekunde beträgt. Um mehr Zeit für die eigene Schlagausführung zu gewinnen, muss der Spieler früh antizipieren und den Ball etwas später annehmen, da der Ball nach dem Aufticken schnell an Geschwindigkeit verliert. „Die Spieler müssen hohes Reaktions- und Antizipations-Vermögen mit Ausdauer, Schnellkraft und Körperbeherrschung verbinden. Tischtennis-Cracks der Spitzenklasse sind perfekte Athleten" (http://www.tischtennis.de/dttb/sport_und_organisation/).

3.3 Gemeinsamkeiten der Ballspiele – grundlegende Fähigkeiten

Spieler, die bereits in einer anderen Ballspielsportart geschult sind, lernen Tischtennis leichter, schneller und besser. Das liegt an gemeinsamen Merkmalen der unterschiedlichen Ballspiele (vgl. Kröger/Roth 2005).

Die **koordinativen Fähigkeiten** *Rhythmus, Gleichgewicht und Orientierung* sind in anderen Sportarten ähnlich wichtig wie im Tischtennis und dort zum Teil für die Kleinen besser trainierbar, weil sie in diesen Sportarten schon über bessere Grundfähigkeiten verfügen und dadurch intensiver spielen können.

Die **konditionellen Fähigkeiten** *Kraft, Ausdauer, Beweglichkeit und Schnelligkeit* sind in vielen anderen Sportarten sogar wichtiger und grundsätzlich besser trainierbar, weil die Belastungen höher und gleichmäßiger sind und in spielerischer Form trainiert werden können. Für TT-Spieler ist es deshalb sinnvoll, gelegentlich oder sogar regelmäßig (im Verein) eine zweite Sportart auszuüben (Beispiele: Jörg Rosskopf, Timo Boll). Dadurch werden auch die einseitigen Belastungen beim TT ausgeglichen.

Gemeinsamkeiten der Ballspiele:

» Bevor der Gegner den Ball spielt, erkennen Spitzensportler anhand der Spielsituation, der Bewegung und Körperhaltung des Gegners, in welche Richtung der Ball gespielt wird (vgl. Hageman 2009, S. 1645).

» Aus den Körperbewegungen vor dem Treffen des Balles kann bereits auf die Platzierung und andere Merkmale des zu erwartenden Balles geschlossen werden.

» Bei allen Ballspielen müssen ständig sehr viele Merkmale gleichzeitig erfasst und verarbeitet werden: die eigene Position im Spielfeld, Positionen oder Bewegungen der Gegner/Mitspieler, Flugbahn und Tempo der anzunehmenden oder abzuwehrenden Bälle.

» Es wird ständig abgeschätzt, wie viel Zeit für die eigenen Spielaktionen zur Verfügung steht.

» Aus den unterschiedlichen Möglichkeiten, einen Ball zu spielen, wird die ausgewählt, die den eigenen Fähigkeiten entspricht und zum Erfolg (Tischtennis: Punktgewinn) führen kann.

» Im Tischtennis können gute Spieler also bereits vor dem Balltreffpunkt durch den Gegner in etwa die vier PTRF-Kriterien des zu erwartenden Balles erkennen (P = Platzierung, T = Tempo, R = Rotation, F = Flugbahn).

Diese Prozesse laufen während der Ballwechsel im Bruchteilen von Sekunden parallel ab – das geht nur automatisiert (vgl. Mayr/Schnabel 2010b, S. 45).

Tabelle 3: Automatische und kontrollierte Prozesse (nach: Müsseler/Prinz 2002, S. 160)

Automatische Prozesse	Kontrollierte Prozesse
Nicht-limitierte Kapazität	Limitierte Kapazität
Keine Aufmerksamkeit erforderlich	Aufmerksamkeit erforderlich
Schwer modifizierbar, wenn einmal erworben	Flexibel einsetzbar

Zusätzlich finden auch immer kontrollierte Prozesse statt. Beide Prozesse, automatische und kontrollierte, sollten im Training parallel ablaufen. Automatische Prozesse finden von allein ständig statt. Das Problem sind die kontrollierten Prozesse. Wenn zwei Spieler den Ball ohne viel Spin und Tempo hin und her spielen und sich dabei vielleicht auch noch Geschichten erzählen, lernen sie nichts.

Im Training und im Wettkampf kommt es auf das richtige Miteinander von kontrollierten und automatischen Prozessen an. Zu den kontrollierten Prozessen zählt, dass ein Spieler sich Ziele setzt und nach jedem Ballwechsel bewertet, ob er diese Ziele erreicht hat. Im Wettkampf wird er sich dann zum Beispiel für einen bestimmten Aufschlag entscheiden; falls er bei einer Übung die spieltechnischen Ziele nicht erreicht, wird er überlegen, was er ändern muss. Wichtig ist, dass im Training immer konkrete Ziele vorgegeben sind:

- Beim Einspielen den Ball mit einigermaßen schnellen und platzierten Bällen im Spiel zu halten.
- Bei Änderungen der Spielweise, den Ball in der ungewohnten Situation kontrollieren zu können.
- Im Wettkampf den Punkt zu machen.
- Im Einzeltraining beobachtet der Zuspieler ständig die Aktionen des Übenden und spielt so zu, dass der Übende flexibel reagieren muss und nicht abschaltet.

Folgende kontrollierte Prozesse müssen von Anfang an richtig gelernt werden. Sie werden zum Teil schnell automatisiert:

- Schlägerhaltung
- Neutralposition, Position am Tisch bei eigenem Aufschlag
- Aufschläge/Einspielen des Balles immer regelgerecht
- zwischen den Punkten in Bewegung bleiben
- Nach jeweils sechs Ballwechseln darf ein Spieler sein Handtuch benutzen, das sollte in Wettkämpfen von Anfang an eingeübt werden.

In den kurzen Pausen zwischen den Ballwechseln ist Zeit für ein Nachdenken über die weitere Spielstrategie:

- Welche Aufschläge muss ich spielen, damit ich anschließend mit VH eröffnen kann?
- Was kann ich ändern, damit ich weniger Fehler selbst mache?
- Wie kann ich verhindern, dass ich dauernd in der weiten VH ausgespielt werde?
- Ich muss versuchen, seinen halblangen Aufschlag anzuziehen!
- Ich muss unbedingt die nächste Handtuchpause nutzen, mein Gegner hat gerade eine gute Serie!

Beim Erlernen des Tischtennissports werden also von Anfang an Prozesse automatisiert und zwar in der gesamten Handlungskette eines Schlages: Wahrnehmung, Entscheidung, Aussuchen der richtigen Position am Tisch, Schlagausführung. Das geschieht sowohl bei regelmäßigen wie bei unregelmäßigen Übungen und auch in Wettkämpfen.

Wie erreicht werden kann, dass dabei von Anfang an die richtigen Prozesse automatisiert werden, ergibt sich aus einer genauen Analyse der Spielhandlungen mithilfe der koordinativen Faktoren.

3.4 Bedeutung der konditionellen und koordinativen Faktoren im Tischtennis

Neben den konditionellen Fähigkeiten hat im Tischtennis der Faktor Koordination eine herausragende Bedeutung. Der Spieler steht alleine am Tisch und muss in sehr kurzer Zeit auf die Aktionen seines Gegners die richtige Antwort finden. Dabei geht es mehr um neuronale, psychische und mentale Prozesse als um physische Fähigkeiten, was man u. a. daran erkennen kann, dass es im Ligabetrieb im Gegensatz zum Tennis keine unterschiedlichen Altersklassen im Seniorenbereich gibt. Ehemalige Bundesligaspieler können oft mit 60 noch in der Regionalliga mithalten.

Allerdings sind auch die konditionellen Faktoren Kraft, Ausdauer, Schnelligkeit und Beweglichkeit für Tischtennisspieler wichtig. Ausdauer wird in erster Linie gebraucht, um das anstrengende Training durchzuhalten und Turniere erfolgreich spielen zu können. Beweglichkeit und Schnelligkeit sind ebenfalls wichtige Voraussetzungen für ein erfolgreiches Spiel. Viel Kraft ist vor allem bei der schnellen Beinarbeit günstig.

Das vorliegende Trainingskonzept reicht im Anfängerbereich für alle konditionellen Faktoren aus. Gehen Spieler in den Leistungsbereich, sind, insbesondere aus gesundheitlichen Gründen, spezielle Kräftigungsübungen für die Rumpfmuskulatur erforderlich, zumal im Tischtennis die Muskulatur auf der Schlagarmseite stärker belastet ist. Bei der Kräftigung der Schulter und Armmuskulatur muss darauf geachtet werden, dass hauptsächlich die intramuskuläre Koordination verbessert wird, wodurch eine Leistungssteigerung ohne große Erhöhung der Muskelmasse erreicht wird. Bei einem Tischtennisschlag kommt es vor allem auf kurze, sehr schnelle Bewegungen an, also auf eine sehr hohe Beschleunigung des Schlägers auf einer Strecke von nur etwa einem Meter.

Das Verletzungsrisiko kann durch vernünftiges Aufwärmen sowie Schulung von Kraft und Beweglichkeit minimiert werden.

Für die Individualsportart Tischtennis, in der feinmotorische Fähigkeiten von entscheidender Bedeutung sind, sind die koordinativen Faktoren Reaktion, Koppelung, Gleichgewicht, Rhythmus, Orientierung, Anpassung und Differenzierung das geeignete theoretische Modell, um die Voraussetzungen für erfolgreiches Lernen zu ermitteln. Ihre Bedeutung für das Tischtennisspiel lässt sich wie folgt beschreiben (vgl. auch: Friedrich 2005).

Reaktion ist die Fähigkeit, unter vielen Möglichkeiten für einen Rückschlag sich schnell genug für die richtige zu entscheiden und den Schlag auszuführen; eher ein Oberbegriff.

Koppelung, Gleichgewicht, Rhythmus sind Voraussetzungen für erfolgreiches Spielen und stehen nicht in direkter Beziehung zu einer bestimmten Phase der Schlagausführung, sie werden in gutem Tischtennistraining automatisch verbessert.

Orientierung, Anpassung/Umstellung und Differenzierung sind spezielle Fähigkeiten, mit deren Hilfe sich die Ausführung der Schläge beschreiben lässt.

Orientierung: Im schnellen Spiel findet Orientierung ständig statt. Die wesentlichen Prozesse dabei sind Wahrnehmung, Verarbeitung und Entscheidung. Schon beim Spielen des eigenen Balles weiß ein Spieler einiges über den Ball, den er als nächstes vom Gegner zu erwarten hat, und spätestens, wenn der Gegner den Ball trifft, wissen Spitzenspieler ziemlich genau, was für ein Ball kommen wird. Orientierung ist ein ständig ablaufender Vorgang, parallel zu den Körperbewegungen (Lokomotion/Schlagbewegungen).

Anpassung/Umstellung ist die Fähigkeit, die eigene Schlagbewegung den PTRF-Kriterien des zu spielenden Balles anzupassen (z. B. kleine Schlagbewegung gegen einen schnellen Ball des Gegners).

Differenzierung: Die Fähigkeit, einen bestimmten Schlag (z. B. Vorhand Topspin) unterschiedlich ausführen zu können (z. B. mehr Spin, mehr auf Tempo mit wechselnden Platzierungen und Flugbahnen).

Den Druckfaktoren der Heidelberger Ballschule lassen sich einige der koordinativen Faktoren zuordnen.

Tabelle 4: Druckfaktoren und koordinative Faktoren

Druckfaktor	Koordinative Faktoren
Zeitdruck	Reaktion
Komplexitätsdruck	Orientierung Anpassung/Umstellung
Präzisionsdruck	Differenzierung (PTRF)

4 Beschreibung des Spiels

4.1 Platzierung, Tempo, Rotation, Flugbahn (PTRF)

Die Frage aller Fragen lautet: „Womit fange ich wann an?" Für ihre Beantwortung müssen einige grundsätzliche Überlegungen zum Spiel angestellt werden. Beim Tischtennis muss der Ball möglichst sicher über das Netz auf die gegnerische Tischhälfte gespielt werden. Dabei gibt es vier Faktoren, welche die Eigenschaft eines Schlages bestimmen und die im Allgemeinen mit PTRF (Platzierung, Tempo, Rotation, Flugbahn) bezeichnet werden. Wird mit offenem Schlägerblatt der Ball mit wenig Tempo und fast ohne Rotation hin und her gespielt, besteht wenig Risiko, es entstehen sehr lange Ballwechsel. Das Ganze ist ziemlich langweilig.

Um schneller einen Punkt zu gewinnen, muss mehr Tempo gespielt werden. Um den Gegner daran zu hindern, werden die Bälle mit flacher Flugbahn weit hinten auf dem gegnerischen Tisch platziert, damit das Risiko bei einem schnellen Ball (Schuss) hoch ist. Um auf solche Bälle Tempo spielen zu können, müssen diese Bälle mit Spin (= R/Rotation) gespielt werden, dann entsteht eine gebogene Flugbahn. Hierdurch wird das Risiko des schnell gespielten Balles, entweder ins Netz oder aber über den Tisch zu gehen, stark verringert. Damit solche Schläge möglich sind, werden heute spezielle Beläge und Hölzer benutzt. Wenn der Gegner auch solche Beläge hat, und das ist in der Regel der Fall, kommen die mit Spin und Tempo gespielten Bälle ebenso zurück. Ein guter Spieler ist in der Lage, auf fast alle schnellen Bälle mit Spin und Tempo zu antworten. Allerdings führen auch Bälle mit wenig Tempo, viel Spin und hoher Flugbahn oder mit Spinvariationen manchmal zum Erfolg. Spin ist also der Schlüssel zum Erfolg im modernen Tischtennis.

4.2 Drei Phasen nach dem Auftreffen des Balles

J-O Waldner: „Man muss aus drei Distanzen heraus perfekt spielen können" (Zitiert nach: Felke 1997, S. 204f.).

Spin entsteht dadurch, dass der Ball nicht zentral, sondern tangential getroffen wird. Es gibt drei Phasen der Flugbahn des zu spielenden Balles, in denen die Bedingungen für tangentiales Balltreffen jeweils unterschiedlich sind.

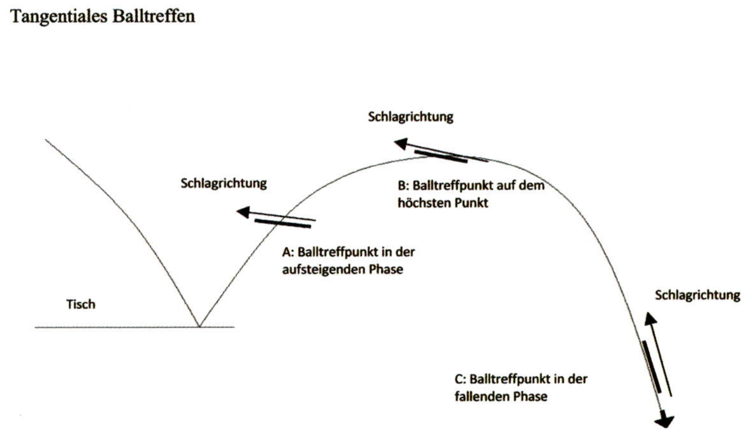

Abbildung 2: Flugbahn

- In der **aufsteigenden Phase** (früher Balltreffpunkt) geht nur tangentiales Balltreffen, bei zentralem Treffen würde der Ball in der eigenen Tischhälfte aufspringen (wie beim Ping-Pong). Der Balltreffpunkt ist zentral und tangential etwa an der gleichen Stelle, der Unterschied entsteht dadurch, dass bei tangentialem Treffen die Schlagbewegung deutlich tiefer beginnt; der Winkel zwischen der Flugbahn des aufsteigenden Balles und der „Bahn" des Schlägers beträgt etwa 90°. Hier ist „Spin" die natürliche Art, den Ball zurückzuspielen, Tempo und Spin des ankommenden Balles werden ganz selbstverständlich in den eigenen Schlag hinein genommen. Könner treffen den Ball noch weiter oben mit stärker geschlossenem Schlägerblatt.

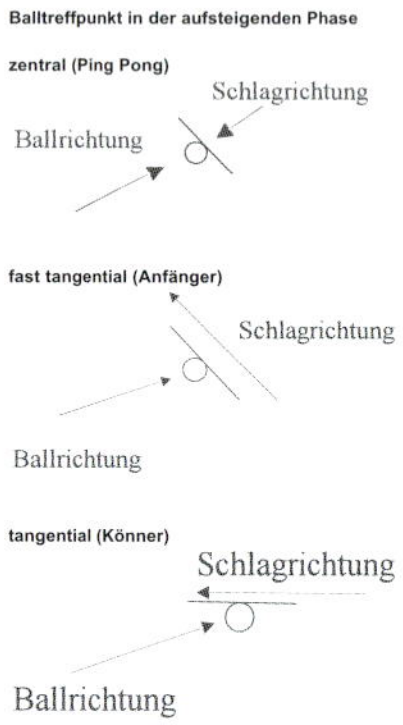

Abbildung 3: Balltreffpunkt aufsteigende Phase

- Wird der Ball **auf dem höchsten Punkt** der Flugbahn getroffen, ist „tangential" am Nordpol, „zentral" kann bei etwas höheren Bällen auch gespielt werden (Schuss). Anfänger treffen den Ball zunächst nur wenig tangential und nähern sich dem Balltreffpunkt „Nordpol" im Laufe ihrer Entwicklung an. Es besteht aber immer die Gefahr, dass der Schläger aufgemacht wird, Ziel sollte deshalb sein, den Ball spätestens am Ende der aufsteigenden Phase zu treffen.

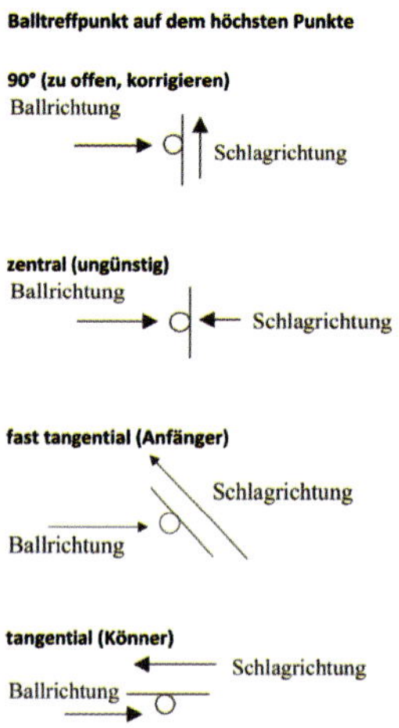

Abbildung 4: Balltreffpunkt höchster Punkt

- Balltreffpunkt **in der fallenden Phase**: Bei zentralem Balltreffen kommt der Schläger von unten, der Ball wird gehoben, bei tangentialem Treffen laufen die Flugbahn des Balles und die Bahn des Schlägers gegenläufig parallel; sie ist von den drei Möglichkeiten die schwierigste. Am Beginn der fallenden Phase sind die Verhältnisse deutlich günstiger. Bei tischfernem Spiel sollte spätestens hier der Ball getroffen werden.

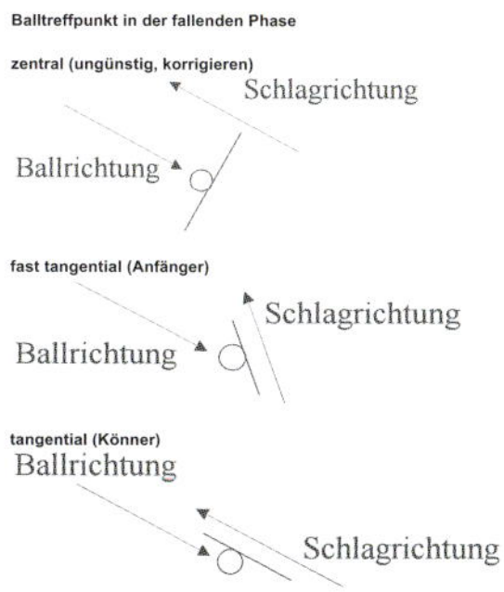

Abbildung 5: Balltreffpunkt fallende Phase

4.3 Spin als wesentliches Merkmal

Einige unverzichtbare Grundlagen für das Schulen von Spin:

» Richtiges Material: dicker, weicher Schwamm, griffiges Obergummi, Wettkampfmaterial von Anfang an.

» Alles, was den Ballweg verlängert und eine höhere Flugbahn erfordert.

» Alles, was längeren/tangentialen Ballkontakt (z. B. Jumbo Ball) bewirkt und/oder diesen hörbar macht (Sound); bei Jumbo-Bällen (44 mm oder 55 mm Durchmesser) ist Draufhauen unmöglich.

» Alles, was Rotation sichtbar macht, z. B. bunte Bälle, bunte Jumbo Bälle; besonders geeignet sind Rotationsaufschläge gegen ein Rückschlagbrett. Der Spieler kann sehen, wie viel Rotation er erzeugt hat und in welche Richtung der Ball abspringt. Diese Erfahrung ist auch für das Lesen von Aufschlägen vor dem Rückschlag wichtig.

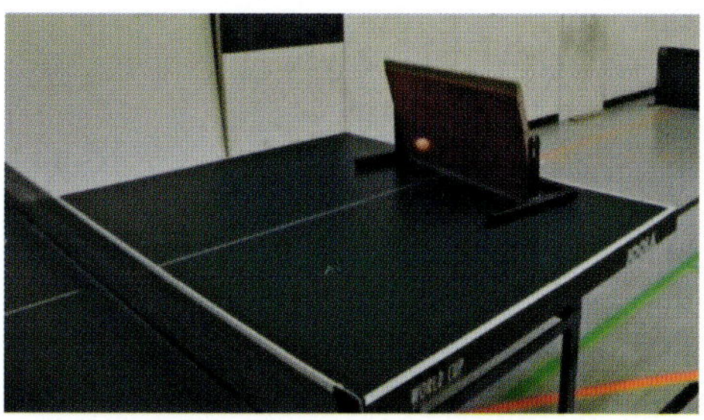

Abbildung 6: Rückschlagbrett

Das Rückschlagbrett steht meist am Ende des Tisches, sodass der vom Übenden gespielte Ball vorher auf der anderen Tischhälfte aufspringen kann und dann auf dem Rückschlagbrett auftrifft. Hierdurch erlernt der Übende, entsprechende Platzierungen zu spielen. Zusätzlich erfährt er durch Richtung und Tempo, mit denen der Ball vom Rückschlagbrett abspringt, etwas über die von ihm gespielte Rotation. Das Rückschlagbrett kann zudem so eingestellt werden, dass der Ball nach einem Schlag des Übenden auf dessen Tischhälfte zurückfliegt und Ballwechsel zustande kommen.

Was fördert Spin?

» Übungen mit Ball und Schläger, bei denen schon Anfänger Rotation erzeugen und kontrollieren können (siehe Phase 2).

- Spiel vom Boden auf den Tisch
- Grabentisch, wegen des verlängerten Ballweges
- Höheres Netz
- Tennis mit TT-Material über Banden, wegen des tieferen Balltreffpunktes und des längeren Ballweges; günstig für die Kleinen.
- Aus vier Tischen wird ein einziger Tisch, das Netz wird ersetzt durch Banden, Rundlauf! Die Spieler, die auf der anderen Seite den Ball spielen, sind unsichtbar.
- Spiel gegen hochgeklappten Tisch: Ball aus Augenhöhe auf den Boden fallen lassen und so gegen den hochgeklappten Tisch spielen, dass der Ball zunächst auf der heruntergeklappten Tischhälfte und dann auf dem Boden aufspringt. Auf Unterschnitt kommt Oberschnitt zurück und umgekehrt
- Ball „streicheln, locker" als verbale Hilfe beim Einzeltraining
- Spiel über dem Tisch, Netz nah mit Topspin aus Handgelenk
- Spiel aus der Halbdistanz, Balltreffpunkt spätestens zu Beginn der fallenden Phase
- Ball mit geschlossenem Schlägerblatt auf einer Tischhälfte Partner zurollen, der Ball darf dabei nicht hüpfen.
- Spiel gegen Abwehr

4.4 Die sieben Entscheidungen vor dem Treffen des Balles

Jede Spielhandlung, mit Ausnahme des Aufschlags, wird stark von den PTRF-Eigenschaften des ankommenden gegnerischen Balls bestimmt. Der Entscheidungsablauf vor dem Zurückspielen eines Balles ist dann etwa folgender:

1. VH oder RH
2. Balltreffpunkt:
   - aufsteigende Phase oder
   - Phase höchster Punkt oder
   - abfallende Phase.
3. Aufsuchen der richtigen Position am Tisch:
   - tischnah oder
   - etwas zurück (Halbdistanz) oder
   - tischfern.
4. Ausholbewegung (etwa zeitgleich mit 3)
5. Einstellung des Schlägerblattwinkels (von offen bis geschlossen)
6. Größe der eigenen Schlagbewegung
7. Art der Beschleunigung bei der Schlagbewegung:
   - sofort so schnell wie möglich oder
   - erst in der Endphase volle Beschleunigung oder
   - insgesamt wenig Beschleunigung.

Eigentlich ist der Bewegungsablauf bei der Beschleunigung des Schlägers viel komplizierter, aber meistens wird die Beschleunigung von den Spielern automatisch den PTRF-Bedingungen des zu spielenden Balles angepasst. Besonders schwierig ist dies beim Spiel gegen Abwehr und bei Eröffnungstopspins.

Nimmt ein Trainer Korrekturen vor, so ist fast immer einer der hier genannten sieben Punkte betroffen. Spieler haben allerdings ganz unterschiedliche Probleme. Während der eine bei der Einnahme der richtigen Position am Tisch Schwierigkeiten hat, stimmt bei dem anderen die Größe der Schlagbewegung nicht. Diese Individualität der Fehler erfordert wiederum eine Individualisierung des Trainings, durch die gezielt die Schwächen der Kinder behoben werden.

Zu bedenken ist, dass die Entscheidungen der Spieler oft unter enormem Zeitdruck getroffen werden müssen. Beim Spiel gegen Abwehr/Material und teilweise auch bei der Spieleröffnung gelten andere Bedingungen. Oft haben zum Beispiel technisch starke Spieler, die gegen Abwehr gut spielen können, im offenen Spiel Probleme (Schwierigkeiten bezüglich der schnellen Orientierung).

Tabelle 5: Prozesse vor und während eines TT-Schlages:

Neugierverhalten[2]	Schlagausführung	Beteiligte koordinative Fähigkeiten
Orientierungsreaktion	Der Spieler entscheidet zunächst, ob er VH oder RH spielen will und an welchem Punkt der Flugbahn er den Ball treffen möchte. Daraus ergibt sich seine Position am Tisch.	Orientierung (1) und Reaktion (2)
Lokomotion	Einnehmen der Position am Tisch gekoppelt mit der Ausholbewegung und weiterer Beobachtung des Gegners.	Orientierung, Rhythmus (6), Anpassung (7), Gleichgewicht (3) und Koppelung (4)
Manipulation	Die eigentliche Schlagbewegung: Einstellen des Schlägerblattwinkels, Größe der Schlagbewegung, Art der Beschleunigung; weitere Beobachtung des Gegners.	Orientierung, Reaktion, Koppelung, Gleichgewicht und Anpassung/Differenzierung (5); bei längeren schnellen Ballwechseln oft Rhythmus.

4.5 Aufschlag-Rückschlag, Eröffnung, offenes Spiel

Es gibt ein anderes Anfangsproblem, das immer noch nicht beantwortet ist: Wann fange ich mit welchem Schlag, wann mit welcher Technik an? Wenn man sich das moderne TT anschaut, dann gibt es sieben wesentliche Arten, Tischtennis zu spielen, von denen jede ein gewisses Eigenleben führt.

Tabelle 6: Pflicht und Kür im Tischtennis

Pflicht		Kür
Aufschlag (kurz-kurz) — Rückschlag		
↕		
Eröffnung	↔	Abwehr spielen
		↕
Offenes Spiel		Material spielen

[2] Vgl.: Berlyne 1974 und Mayr/Förster 2002

Erläuterung:

A. Beim **Aufschlag** geht es hauptsächlich darum, möglichst viel und möglichst unterschiedliche Rotation zu erzeugen, möglichst so, dass der Rückschläger an der Ausführung des Aufschlages die Art oder die Stärke der Rotation nicht erkennen kann. Manchmal ist auch ein „leerer" Aufschlag, also ein kurzer Aufschlag ohne Schnitt, oder ein eingestreuter sehr genau platzierter schneller langer Aufschlag als Variante sinnvoll. Aufschläge werden ohne direkte Einwirkung des Gegners gespielt und können folglich auch ohne Partner geübt werden, jedoch mangelt es dazu oft an Motivation. Es gibt jedoch einige interessante Übungsmöglichkeiten.

B. Beim **Rückschlag** kommt es hauptsächlich darauf an, die Rotation des Aufschlags richtig zu erkennen und sich rechtzeitig für den passenden Rückschlag zu entscheiden. Manchmal gelingt es guten Spielern, den Aufschlag sofort mit einem Angriffsball zurückzuspielen, dann fallen Rückschlag und Spieleröffnung zusammen.

C. Die **Eröffnung**, also der erste Angriffsball, wird am häufigsten als Antwort auf den Rückschlag gespielt, dies wird als „Angriff auf den dritten Ball" bezeichnet. Ziel des Rückschlägers ist es, den Aufschlag flach, gut platziert und mit viel Schnitt zurück zu spielen, um die Eröffnung zu erschweren oder unmöglich zu machen. Dies kann dazu führen, dass der Aufschläger, statt mit dem dritten Ball anzugreifen, diesen ebenfalls kurz zurücklegt, woraus sich häufig ein Kurz-kurz-Spiel entwickelt. Eine sichere und wirksame Spieleröffnung ist entscheidend für erfolgreiches Angriffsspiel, weil ein Spieler, der im offenen Spiel sehr stark ist, sonst gar nicht erst ins offene Spiel hineinkommt. Die Antwort auf die eingangs gestellte Frage aller Fragen (Wann fange ich mit welchem Schlag an?) ist demnach eine weitere Frage: **Wann und wie schule ich die Spieleröffnung?** Überflüssig zu sagen, dass dazu auch das Aufschlag-/Rückschlag-Spiel gehört.

Aufschlag, Rückschlag und Eröffnung haben gemeinsam, dass sie in jedem Ballwechsel nur einmal gespielt werden (aber dafür so gut wie immer) und deshalb auch anders trainiert werden müssen. Es besteht hoher Komplexitätsdruck.

D. Beim **offenen Spiel** geht es um Folgendes:

1) Es muss richtig auf die PTRF-Eigenschaften der vom Gegner gespielten Bälle reagiert werden. Bei viel Spin und Tempo wird der Ball möglichst früh zurückgespielt, um Spin und Tempo des vom Gegner gespielten Balles in den eigenen Schlag hineinnehmen zu können. Die eigene Schlagbewegung kann dann kürzer und manchmal etwas langsamer sein.

Ausnahme: Bei guter Platzierung und hohem Tempo des gegnerischen Balles bedeutet möglichst früh nicht, dass der Ball immer tischnah zurückgespielt werden kann. Der Ball sollte aber spätestens am Beginn der fallenden Phase erreicht werden. Dann kann nur mit einer größeren Schlagbewegung (wegen weniger Spin und Tempo des ankommenden Balles zum Zeitpunkt des Balltreffpunktes und des längeren Weges bis zur gegnerischen Tischhälfte) noch genug Tempo und Spin gespielt werden.

2) Bälle mit halbhoher Flugbahn, weniger Tempo und viel Spin werden am Ende der aufsteigenden Phase oft etwas tischfern mit einer größeren Schlagbewegung gegengezogen. Vor allem, wie es bei guten Spielern üblich ist, wenn die Bälle weit hinten platziert sind.

3) Weit nach hinten platzierte Bälle (halbhoch oder hoch, wenig Tempo, leer oder mit Spin, mit tückischer Platzierung eingestreut) werden ebenfalls auf dem höchsten Punkt aus der Halbdistanz zurückgespielt. Mit großer Schlagbewegung wird möglichst viel Spin und Tempo

gespielt. Sowohl bei den halbhohen Bällen mit viel Spin wie auch bei den Bällen mit wenig Spin ist es wichtig, so oft wie möglich die VH einzusetzen.

Die wichtigsten Merkmale für das Training des offenen Spiels sind demnach:

- tischnah
- kurze, schnelle Bewegungen
- früher Balltreffpunkt
- beidseitig viel Spin und Tempo spielen zu können
- über vielfältige Schlagbewegungen zu verfügen, also auch tischfern spielen zu können.

Für die Vermeidung von **Doppelaufgaben Interferenz**[3] vom ersten Training an bedeutet dies:

- Koppelung von Beinarbeit und Schlagbewegung
- häufiger Wechsel VH-RH und RH-VH
- Spiel auf der Tischmitte nicht vergessen
- in bestimmten Spielsituationen fast immer VH spielen, auch aus der RH-Seite
- VH parallel, auf die Tischmitte und diagonal platzieren zu können
- Beidseitig mit Spin spielen zu können
  - Netz nah
  - über dem Tisch
  - am Tischende/hinter dem Tisch
- Verschiedene Rotationen zu spielen und zu erkennen
- auf alle PTRF reagieren zu können (im Rahmen der jeweils erreichten Fähigkeiten)

Das bedeutet für die **Erstkodierung**[4]**:**

- Wettkampfmaterial von Anfang an
- in Neutralposition breit und tief zu stehen (natürlich gerade bei den Kleinen nicht übertreiben)
- Lockerheit des ganzen Körpers in NP
- Flüssige, lockere Bewegungen
- Schläger locker in der Hand zu halten
- Schläger bleibt häufig oben
- viel Handgelenkeinsatz
- Hüftverwringung bei VH, dadurch bei VH mehr Tempo und Spin
- Taktil/kinästhetische und auditive Sensibilisierung
- in Wettkämpfen bis zum Satzende mit Spin anzugreifen.

Während der Erstkodierung werden alle Spielhandlungen automatisiert, die sehr häufig vorkommen. Deshalb muss vor allem auf die **Praxisnähe** des Trainings geachtet werden. Das bedeutet: Im Training sollten keine Bälle gespielt werden, die es im Wettkampf nicht gibt oder die im Wettkampf zu Punktverlusten führen.

Deshalb gilt:

- Bei allen Trainingsformen auf korrekten Aufschlag und Einhaltung der Neutralposition achten.

---

[3] Doppelaufgaben Interferenz: Bewegungen, die aus zwei oder mehreren Elementen bestehen, werden besser erlernt, wenn alle Elemente gleichzeitig in der Übung vorkommen.

[4] Erstkodierung: Gerade in knappen Spielsituation (unter Stress) greifen Spieler unbewusst auf die Spieltechniken zurück, die sie in den ersten Monaten ihrer Ausbildung erlernt haben.

- Auf hohe Bälle immer VH. Der Entscheidungsweg ist folgender: 1. Entscheidung für VH; 2. Schläger nach oben; 3. Weg vom Ball; 4. Große Schlagbewegung; 5. Ausführung des Schlages mit Spin; 6. Auf gute Platzierung achten. Der Ball wird am Ende der aufsteigenden Phase, etwa auf Augenhöhe, getroffen.
- Niemals aus der RH-Seite mit RH in Richtung Tischmitte wandern. In solchen Fällen fast immer auf VH wechseln.
- Nie mehr als dreimal RH hintereinander.
- Auch bei regelmäßigen Übungen darf nach schlecht gespielten Bällen des Partners (falsche Platzierung, zu wenig Tempo, zu hoch) auf Punkt gespielt werden.
- Bei Übungen gegen hohe Bälle (z. B. Ballonabwehr) den ersten hohen Ball frühestens als dritten Ball des Ballwechsels spielen. Niemals den ersten Ball hoch einspielen oder schon den Rückschlag als Ballonabwehr spielen.
- Bei allen regelmäßigen Übungen je nach Anzahl der zu spielenden Bälle rechtzeitig freies Spiel.
- Tempo und Platzierung des Aufschlags auch bei Übungen oft frei.
- Lange Aufschläge immer angreifen.
- Gelegentliche Abweichungen können toleriert werden.

4.6 Spiel- und Übungsformen

Der gesunde Menschenverstand legt nahe, dass am Anfang regelmäßige Übungen notwendig sind, um das Erlernen der Schläge zu erleichtern, und unregelmäßige Übungen erst von Fortgeschrittenen gespielt werden können. Es ist aber umgekehrt. Schließlich haben Anfänger oftmals Probleme, den Ball überhaupt auf die gegnerische Tischhälfte zu spielen, weitere Platzierungsvorgaben erschweren das Ganze dann noch. Dafür erleichtern regelmäßige Platzierungsvorgaben die Reaktion auf den ankommenden Ball: Es muss nicht mehr der gesamte Tisch, sondern nur ein bestimmter Bereich abgedeckt werden. Allerdings entfällt dann auch ein Teil der Orientierungsreaktion. Gerade Spieler, die anfangs zu viele regelmäßige Bälle spielen, haben später in Wettkämpfen Probleme. Wenn Anfänger regelmäßige Übungen spielen sollen, fehlt die notwendige Bewegung und die notwendige Konzentration. Die Schläge sind zu langsam, zu hoch und zu ungenau. Bei Fortgeschrittenen werden regelmäßige Übungen mit großer Präzision und viel Tempo und Spin gespielt. Dabei bleiben die Aufmerksamkeit und die angespannte Lockerheit des Körpers erhalten und der ganze Körper spielt mit.

Das spielerische Lernen eignet sich vor allem, um die Grundtechniken zu vermitteln. Allerdings steht neben dem eigentlichen Ziel des Spiels (Punktgewinn) bereits ein zweiter Aspekt (Sicherheit) im Vordergrund des Trainings („Welcher Tisch hält den Ball beim Rundlauf am längsten im Spiel?“). Eine typische Einordnung der Spielformen in Schwierigkeitsstufen (vom Einfachen zum Schweren, vom Nicht-Komplexen zum Komplexen) ist nicht durchgehend möglich, auch wenn es Spielformen gibt, die anfangs einfacher zu erlernen sind als andere. Die Spieler wechseln möglichst häufig zwischen den verschiedenen Spielformen hin und her, was sowohl die Motivation steigert als auch zum gleichzeitigen Erreichen mehrerer Lernziele führt.

Übungen für Ballgewöhnung und Sicherheit führen dazu, dass die Spieler möglichst früh miteinander am Tisch trainieren können. Gerade in großen Trainingsgruppen besteht nur wenig Zeit für Einzeltraining, sodass dem Training untereinander eine noch größere Bedeutung zufällt. Effizient ist dieses Training nur, wenn lange Ballwechsel zustande kommen.

Dies gilt insbesondere für Übungen am Tisch. Um die Spieler auf Wettkampfsituationen vorzubereiten, werden typische Situationen in regelmäßigen und unregelmäßigen Übungen trainiert. Dabei wird das eigentliche Ziel der Ballwechsel, der Punktgewinn, dadurch beibehalten, dass nach etwa drei bis fünf Ballwechseln auf Punkt gespielt werden darf („frei"), das gilt jedoch nicht für das Einspielen. Regelmäßige Übungen werden nach und nach in das Training eingebaut, die Spieler werden anfangs mit dem Einhalten der Platzierungsvorgaben Probleme haben, das ist nicht schlimm. Wiederholt muss auf einen ganz wichtigen Punkt hingewiesen werden: Egal, welche Bälle die Übung vorsieht, sobald ein hoher Ball oder ein Ball Richtung Tischmitte gespielt wird, muss der Spieler seine VH einsetzen und möglichst auf Punkt spielen (sollten einige Spieler im Laufe der Zeit eine RH-Dominanz entwickeln, so können diese die RH auf der Tischmitte einsetzen). Viel zu häufig sieht man auch in Wettkämpfen noch, dass Spieler bei solchen Bällen ihre RH nehmen und wichtige Punkte verschenken. Spieler, die „zu gehorsam" sind, automatisieren in regelmäßigen Übungen solche Fehler.

5 Trainingspraxis

5.1 Schlägerhaltung

Um viel Spin erzeugen zu können, ist die Schlägerhaltung sehr wichtig; hier gibt es für Angriffsschläge fünf zentrale Bedingungen.

» *Das Schlägerblatt sollte mehr oder weniger geschlossen sein (1.),*

» *Die Schlägerspitze sollte leicht nach unten zeigen (2.),* weil bei den kurzen schnellen Bewegungen des modernen TT etwa 20 Prozent Tempo und Spin durch den Handgelenkeinsatz beim Balltreffpunkt erzeugt werden. Am meisten Tempo und Spin wird durch die Beschleunigung aus dem Unterarm erzeugt. Wenn die Schlägerspitze bereits in der Ausholphase nach oben zeigt, wird dieser Hebel ungünstig verändert. Wenn sich die Schlägerhaltung mit leicht nach oben Zeigen der Schlägerspitze verfestigt hat, lässt sich das nur schwer ändern.

» *Der Schlägerwinkel zum Unterarm sollte leicht geöffnet sein oder eine gerade Linie mit dem Unterarm bilden (3.),* auf keinen Fall sollte das Schlägerblatt nach innen abknicken.

» *Die Position des Schlägerblattes in der Hand muss während der Ballwechsel sehr fein eingestellt werden. Das geht nur, wenn der Zeigefinger (und nur der) auf dem Rückhandbelag aufliegt und der Daumen über der Griffschale liegt, meist mit etwas Kontakt zum VH-Belag (4.).*

» Die fünfte Bedingung für die Schlägerhaltung betrifft eines der größten Probleme für Spieler mit Shakehand-Schlägerhaltung. Während der Ballwechsel ist es oft günstig, die Schlägerhaltung von VH-Griff auf RH-Griff (oder anders herum) zu verändern. Dabei verändern Daumen und Zeigefinger ihre Position auf dem Schlägerblatt, wodurch der Winkel des Schlägerblattes verändert wird. Der Griff dreht sich dabei leicht in der Hand, mit einem VH-Griff ist es einfacher, den Ball mit der VH tangential zu treffen, mit dem RH-Griff gilt das gleiche für die Spin RH. Beim VH-Griff zeigt der Zeigefinger mehr nach oben, der Daumen liegt etwa waagerecht über der Griffschale. Beim RH-Griff ist es umgekehrt, der Daumen zeigt etwa 45° nach oben, der Zeigefinger liegt fast parallel zur Unterkante des Gummis. Bei VH-Griff liegt der Schläger auf dem Daumen, bei RH-Griff auf dem Zeigefinger. Beim neutralen Griff liegt das Schlägerblatt an der Hautfalte zwischen Daumen und Zeigefinger (VDTT 2003, S. 19).

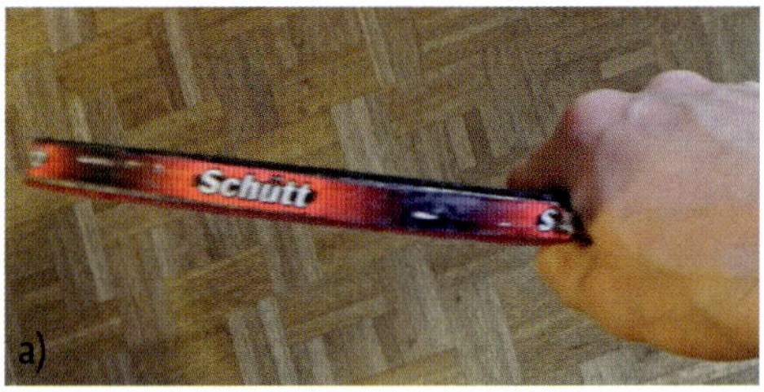
a)

» Für die Spin VH ist es günstig, wenn der Schläger möglichst so in der Hand ruht, dass er bereits ohne zusätzliche Drehung des Unterarms oder des Handgelenks leicht geschlossen ist (VH-Griff). Das gleiche gilt anders herum für RH-Spin (RH-Griff). Damit der Spieler diesen Wechsel erlernt und automatisiert, gibt es spezielle Übungen. Die wichtigste Voraussetzung dafür muss jedoch vom ersten Trainingstag an geschaffen werden: *Der Schläger muss locker in der Hand liegen (5.).*

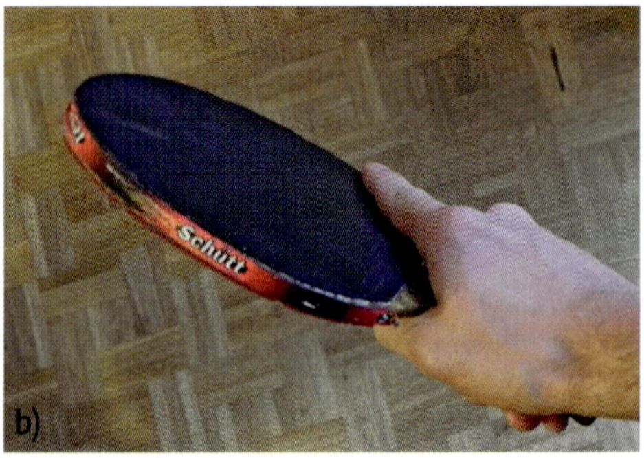
b)

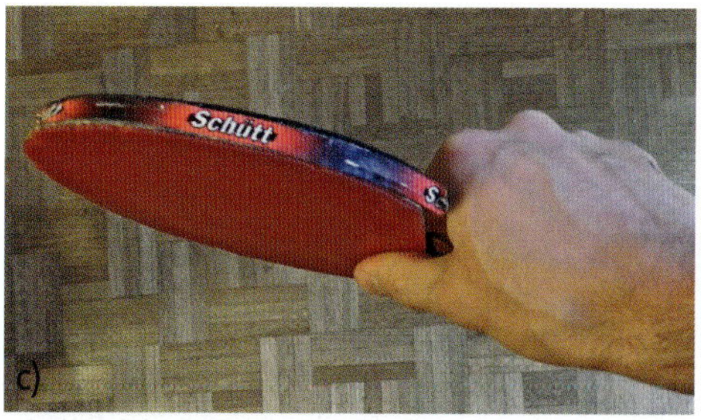

Abbildung 7: Neutrale Schlägerhaltung (a) und VH-(b)/RH-Griff (c)

Von diesen **fünf Voraussetzungen** für erfolgreiches offensives Spiel lassen sich nur zwei durch Instruktion und Kontrolle während des Trainings schulen, die Bedingung 2 (Schlägerspitze nach unten, dieser Hinweis wird, falls nötig, vom Zuspieler zu Beginn eines Ballwechsels gegeben) und Bedingung 4 (richtige Position des Daumens und des Zeigefingers): Wenn der Trainer im Einzeltraining sieht oder den Verdacht hat, dass der Schläger zu weit aus der Hand geglitten ist, mehr als ein Finger auf dem RH-Belag aufliegt oder der Daumen zu weit nach oben zeigt bzw. nicht mehr über der Griffschale liegt, hebt er nach dem Ballwechsel seinen Schläger; dies signalisiert dem Lernenden, das Gleiche zu tun. Anschließend dreht der Trainer seinen Schläger, damit er auch die andere Seite kontrollieren kann. Nach einigen derartigen visuellen Hinweisen reagieren die meisten Lernenden auf das erste Signal schon mit den entsprechenden Korrekturen, bevor sie den Schläger heben.

Die drei übrigen Bedingungen lassen sich nur durch entsprechende Übungen im Training schulen. Die Bedingungen 2 und 4 sollten allerdings nach den ersten sechs Trainingswochen kein Thema mehr sein. Für Schupfbälle und Abwehrbälle gelten allerdings nur die Bedingungen 3 bis 5. Die Schlägerspitze zeigt vor Schupfbällen und Schnittabwehrschlägen leicht nach oben, das Schlägerblatt ist vor Schnittabwehr leicht geöffnet.

Für Training bzw. Wettkampf ergeben sich aus dieser Analyse erste Konsequenzen. Es ist von Anfang an wichtig, auf eine richtige Schlägerhaltung zu achten. Zu einem späteren Zeitpunkt sind Änderungen oft schwierig. Im Training und im Wettkampf lassen sich Platzierung und Flugbahn leichter verändern als Tempo und Spin. Das ist wichtig für die Planung von Übungen und für das Coachen beim Wettkampf.

5.2 Neutralposition

Die Neutralposition heißt auch Drei-Winkel-Stellung: Der Unterschenkel ist gegen den Fuß abgewinkelt, den zweiten Winkel bilden Unterschenkel und Oberschenkel und den dritten Oberschenkel und Hüfte. Der Ellbogen befindet sich vor und etwas neben dem Körper. Die Schlägerspitze zeigt Richtung Netz, der Schläger befindet sich etwas oberhalb des Tisches, bei kleineren Spielern befindet sich die Schlägerspitze oberhalb der Mittellinie des Tisches am Tischende. Der Spieler sollte möglichst breit am Tisch stehen, damit er mit einem schnellen Ausfallschritt alle eingespielten Bälle erreichen kann. Wichtig und schwierig ist, dass der Spieler in dieser Position zugleich locker und konzentriert sein muss.

Beim Training am Tisch sollte der Rückschläger immer eine korrekte Neutralposition einnehmen. Damit das leichter durchgehalten werden kann, sollten bei möglichst vielen Übungen Platzierung und Tempo des eingespielten Balles frei sein, Abweichungen von der Neutralposition können dann bestraft werden. Sollte der Lernende nicht die Neutralposition eingenommen haben, so wartet der Zuspieler einfach mit dem Einspielen des Balles. Wenn der

Lernende selbst den Ball falsch einspielt oder die Aufschlagposition nicht eingenommen hat, dann fängt der Zuspieler den Aufschlag auf und wirft ihn zurück.

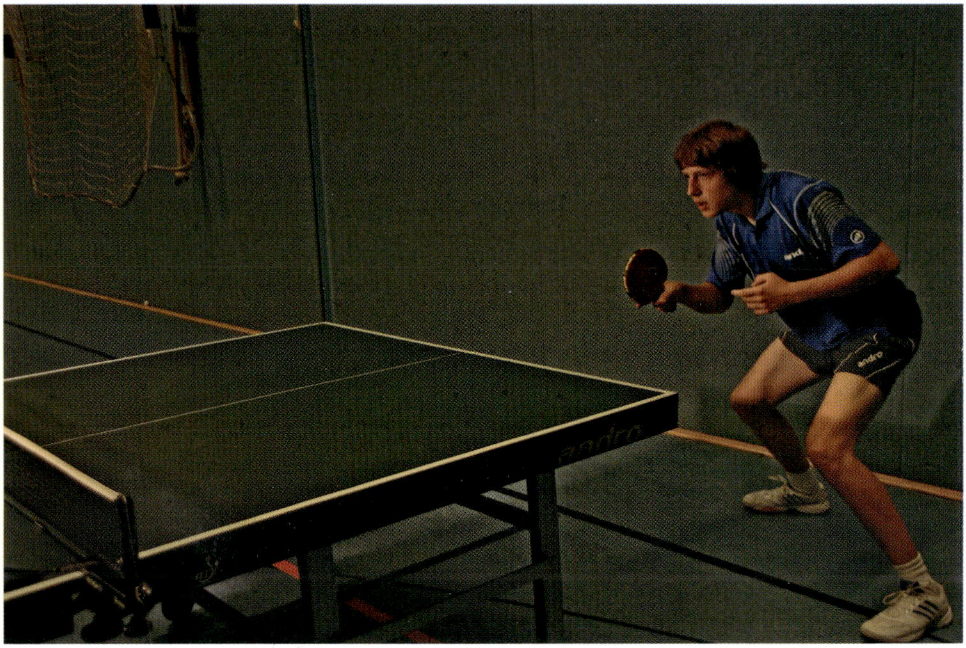

Abbildung 8: Neutralposition

5.3 Beschreibung der Tischtennisschläge

Auch Weltklassespieler haben sehr unterschiedliche Schlagtechniken (Krämer 2008,S. 4), darüber hinaus variiert die eigene Schlagausführung je nach Spielsituation, dennoch gibt es einige Grundregeln für „gute" Tischtennisschläge und Bewegungsabläufe. Wenn der Spieler schon einigermaßen RH spielen kann, ist es manchmal günstig, ihm im Zusammenhang die Merkmale des RH-Spiels zu erklären, das gleiche gilt für das VH-Spiel. Fehler, die dies erforderlich machen, sind hauptsächlich Beinarbeitsfehler, wobei sich die RH-Beinarbeit deutlich von der VH-Beinarbeit unterscheidet, weil die RH mehr vor dem Körper gespielt wird und bei VH der Ball vor allem im richtigen Abstand neben dem Körper getroffen werden muss.

Bei RH gilt (siehe auch 6.3.2 Das Erlernen der Spin-Rückhand):

» Der Balltreffpunkt ist vor dem Körper, je nach PTRF-Faktoren des zu spielenden Balles sehr früh oder erst in der fallenden Phase, z. B. bei der RH-Eröffnung auf halblange Schupfbälle. Das Treffen des Balles auf dem höchsten Punkt der Flugbahn ist für die kleinen Anfänger schwierig; allgemein gilt, dass Bälle mit hoher Flugbahn möglichst mit VH zurückgespielt werden.

» Die Vor-/Zurück-Beinarbeit ist wichtiger als die seitliche Beinarbeit, da zwar seitliche Abweichungen einigermaßen ausgeglichen werden können, nicht aber ein zu geringer Abstand vom Tisch bei langen Bällen. Ein weiteres Vor-Zurück-Problem ist ein zu großer Abstand zum Ball, wenn sich der Spieler nicht rechtzeitig nach vorne bewegt hat. Dann muss er den Oberkörper weit nach vorne beugen und kann den Ball nur noch in der fallenden Phase ohne viel Beschleunigung spielen.

» Schlagbewegung: hauptsächlich mit Unterarm und Handgelenk.

» Der Schläger befindet sich in der Ausholphase bei Rechtshändern vor der linken Körperhälfte, die Schlägerspitze zeigt leicht nach unten/außen, das Handgelenk ist leicht nach innen abgewinkelt.

» Die Schlägerspitze zeigt nach dem Schlag in Richtung Netz.

» Bei RH auf Schupf wird natürlich etwas tiefer angefangen, um mehr Schwung zu holen, das Schlägerblatt ist etwas mehr geöffnet. Der Ellbogen ist immer Drehpunkt, er befindet sich meist oberhalb des Schlägers.

» Nur in äußersten Notfällen sollten Rechtshänder die RH vor der rechten Körperhälfte spielen. Wir sehen oft Spieler, die sich mit diesem RH-Schlag einspielen, das ist fatal, weil Unterarm und Handgelenk dabei falsch eingesetzt werden, was dann auch im Wettkampf passiert.

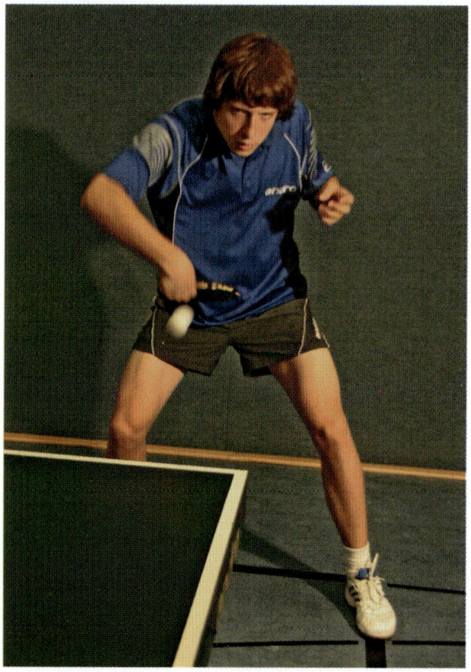

Abbildung 9: RH Technik

Die RH wird von den Anfängern oft zu zaghaft gespielt. Damit sich die Anfänger trauen, mit Schwung zu spielen, können sie anfangs etwas tischferner trainieren. Gerade der RH-Topspin auf Schupf muss am Anfang eingeübt werden. Fängt der Spieler an, in Wettkämpfen zu schupfen, wird er später Probleme haben, von RH-Schupf auf RHT umzustellen. Erlernt ein Anfänger früh einen RHT, hat er im Wettkampf gegenüber Gleichaltrigen meist enorme Vorteile. Der RHT wird normalerweise auf der RH-Diagonalen gespielt, weil der Weg des Balles dann etwas länger sein kann. Außerdem sind die Winkel für die nächsten Bälle dann günstiger. Der Gegner hat oft Probleme, mit einem starken Ball zu antworten.

Bei VH gilt:

» Die seitliche Beinarbeit ist wichtiger als vertikale Beinarbeit, da der Ellbogen in der Ausholphase immer einen günstigen Abstand zum Körper haben muss, damit der Schlag druckvoll und kontrolliert gespielt werden kann (er darf weder am Körper anliegen, noch darf der Arm völlig zur Seite ausgestreckt sein).

» Stelle den Schlägerblattwinkel am Anfang der Ausholbewegung ein und behalte diesen Winkel bis zum Ende der Schlagbewegung bei.

» Die Ausholbewegung beginnt immer neben dem Körper und immer so, dass der Spieler seinen Schläger sehen kann, sonst ist der Schläger zu weit hinter dem Körper. Die Größe der Schlagbewegung richtet sich nach PTRF-Kriterien des ankommenden Balles (bei sehr viel Tempo klein, bei langsamen Bällen größer). Setze immer viel Unterarm und besonders das Handgelenk ein.

» Die Schlagbewegung sollte etwa 30 cm vor dem Kopf enden.

» Bei Rückschlägen auf schnelle Aufschläge/Kick-Aufschläge (mit wenig Spin): Fang etwas tiefer mit nur leicht geschlossenem Schlägerblatt an, da die schnellen Aufschläge weniger Spin haben als Schläge mit Spin im offenen Spiel.

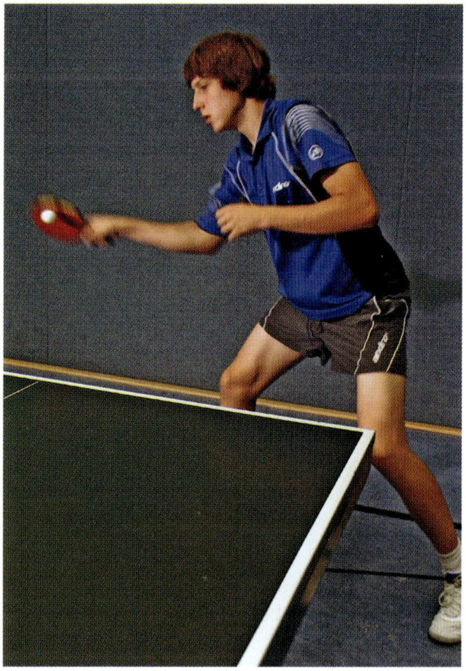

Abbildung 10: VH-Technik

Schupfbälle über dem Tisch:

Die Schlagbewegung ist für VH-Schupf und RH-Schupf etwa gleich. Aus anatomischen Gründen (wegen des nach hinten abgewinkelten Handgelenks bei der VH) ist der RH-Schupf einfacher zu spielen, deshalb ist es bei diesem Schlag ausnahmsweise günstig, mit der RH auch Bälle aus der TM zurück zu spielen, vor allem beim Rückschlag.

» Nah am Tisch, möglichst tief stehen, letzteres gilt vor allem für größere Spieler. Muss der Ball netznah gespielt werden, steht der rechte Fuß ein wenig unter dem Tisch, und zwar bei VH und RH. Kleine Spieler haben bei sehr kurzen Bällen Probleme. Um diese zu erreichen, müssen sie ihren Arm ausstrecken, prinzipiell soll der Unterarm eigentlich immer etwas angewinkelt sein.

» Die Schlägerspitze zeigt während der gesamten Schlagbewegung nach außen.

» Das Schlägerblatt ist nur leicht geöffnet.

» Die Schlagbewegung geht parallel zur Oberfläche des Tisches in Richtung Netz.

» Im Balltreffpunkt geht der Schläger etwas unter den Ball, um Unterschnitt zu erzeugen. Wichtig ist, dass das Schlägerblatt am Anfang nicht zu weit geöffnet ist, sonst steigt der Ball hoch, das ist bei Anfängern ein häufiger Fehler.

» Wird der Ball nochmal kurz zurückgelegt, ist es günstig, ihn möglichst früh nach dem Auftreffen auf der eigenen Tischhälfte zu spielen.

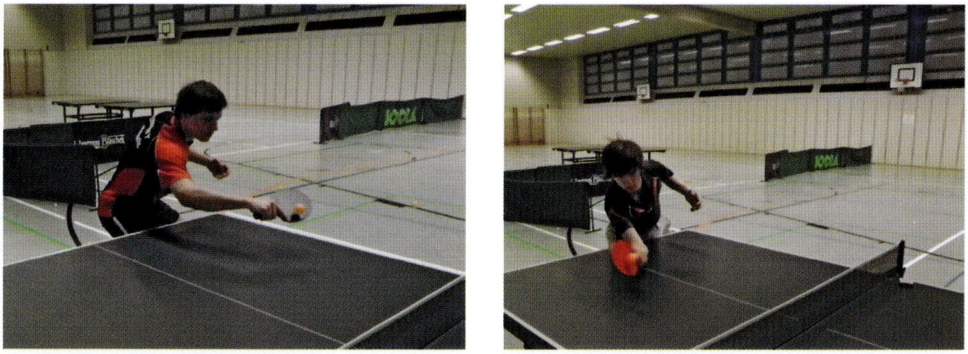

Abbildung 11: Schupf-Technik

Schnittabwehr:

Hier ist VH leichter als RH. Da es sich um einen Schlag handelt, der im Wettkampf nicht häufig benötigt wird, sollte VH am meisten geübt werden. Bei Abwehrschlägen ist es wichtig, dass der ganze Körper bei jedem Schlag mitspielt, dazu muss der Spieler seitlich zum Ball stehen, in die Knie gehen und den Oberkörper nach vorne beugen.

» In der Ausholphase befindet sich der Schläger neben dem Körper, etwa in Kopfhöhe.

» Die Schlägerspitze zeigt leicht nach oben und außen, das Schlägerblatt ist leicht geöffnet.

» Mit einer großen Schlagbewegung nach unten und ein wenig nach vorne wird der Ball auf dem höchsten Punkt oder in der fallenden Phase getroffen.

» Der Schlag endet vor dem Körper oder etwas neben dem Körper.

» Bei Abwehrschlägen muss bei jedem Schlag der ganze Körper mitmachen. Das Spiel ist intensiv und anstrengend. Die Koppelung verschiedener Bewegungselemente und das Gleichgewicht werden geschult. Außerdem müssen sich die Kinder gut im Raum orientieren, und zwar in allen drei Dimensionen: in der Vor-Zurück-Bewegung, der seitlichen Bewegung und beim Balltreffpunkt von bodennah bis Schulterhöhe.

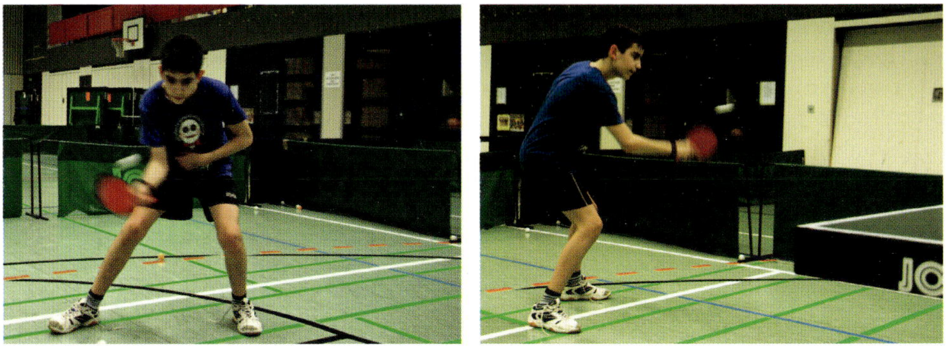

Abbildung 11.1: Schnittabwehr

Flip:
Dieser Schlag muss nicht groß erklärt, aber umso mehr geübt werden, da die Spieler sonst zu viele kurze Bälle mit einem Schupfball beantworten. Wichtig ist, dass von Anfang an alle Längen gespielt werden (kurz, halb-lang, lang). Bälle, die hinten über den Tisch gehen, sollten normal angezogen werden. Der Flip eignet sich nur für das Spiel über dem Tisch.

» Wie beim Schupfball ist das rechte Bein vorne.

» Der Schläger geht aus der Neutralpositon über dem Tisch direkt zum Ball.

» Der Ball wird mit etwas Spin geflippt, nur mit Unterarm und viel Handgelenkeinsatz.

» Um den Ball zu erlernen, genügen meist zehn Minuten Einzeltraining.

» Der Ball wird im Anfängertraining meist als Rückschlag auf kurze Aufschläge gespielt.

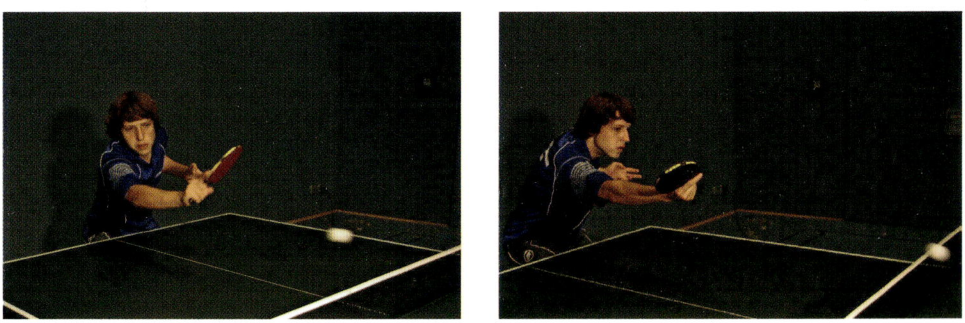

Abbildung 12: Flip Technik

Vor allem kurze Bälle mit wenig oder keiner Rotation können fast immer mit etwas Spin geflippt werden.

5.4 Abwehr und Material

Auf den ersten Blick erscheint das Spiel gegen Abwehr widersprüchlich zu den Ausführungen zur Neugiermotivation. Doch der erste Eindruck täuscht: Tatsächlich muss der Angriffsspieler sich bei fast jedem Abwehrball auf veränderte PTRF-Kriterien einstellen. Im Prinzip kommt gegen Abwehr nie zweimal hintereinander der gleiche Ball. Dadurch kann ein Anfänger ziemlich lange gegen Abwehr spielen, ohne dass die Aufmerksamkeit nachlässt. Allerdings sollte man berücksichtigen, dass gerade die Orientierung gegen Abwehr leichter ist, weil der Zeitdruck entfällt, das ist für einen Anfänger günstig. Das Training gegen Abwehr sollte niemals einen größeren Umfang einnehmen als das Training des offenen Spiels, bei dem die Orientierung unter hohem Zeitdruck gelernt wird.

Unter jeder dieser Spielmöglichkeiten sind drei Trainingsmöglichkeiten enthalten:

- Selbst Abwehr/Material spielen,
- als Angreifer gegen Abwehr/Material spielen,
- als Abwehrspieler gegen Abwehr/Material spielen.

Die Ballwechsel unterscheiden sich stärker voneinander als beim normalen TT:

- Die Bedeutung des Aufschlag-/Rückschlagspiels ist geringer.
- Die besondere Bedeutung des Eröffnungstopspins entfällt, er ist nur noch ein Topspin unter vielen.
- Kein offenes Spiel. Es gibt allerdings eine Spielsituation, die von der Häufigkeit her mit dem offenen Spiel vergleichbar ist: Der Abwehrer ist vom Tisch getrieben und wehrt sich mit flachen, weit nach hinten platzierten Abwehrschlägen mit sehr viel Unterschnitt oder sogar mit starken Schnittvariationen. Der Angreifer antwortet mit VH-Topspins. Diese Ballwechsel gehören für Spieler und Zuschauer zu den spannendsten des Tischtennissports.
- Innerhalb der Ballwechsel gibt es häufige Rhythmus- und Tempowechsel, z. B. wenn der Angreifer einen Abwehrschlag, den er weder anziehen noch schießen kann, kurz legt.
- Da der Angreifer mehr Zeit hat, kann er fast alle Angriffsbälle mit VH spielen.
- Der VH-Schuss mit eindeutig zentralem Balltreffpunkt ist ein wichtiger Schlag des Angreifers, der Abwehrer streut gern eine stark überrissene VH oder einen RH-Schuss ein.

Für die Technik-Beschreibung beim Spiel Angriff gegen Abwehr bedeutet das, dass es sinnvoll ist, einzelne Schläge zu beschreiben und zu schulen, da diese sich deutlich voneinander unterscheiden:

- Schupf (über dem Tisch)
- Schnittabwehr (hinter dem Tisch)
- VH-Topspin (gegen Unterschnittabwehr, Balltreffpunkt im Bereich des Tischendes)
- VH-Schuss (gegen Unterschnittabwehr, Balltreffpunkt über dem Tisch, wenn der Ball etwas zu hoch liegt)
- VH-Topspin des Abwehrspielers

Abwehr gegen Abwehr bzw. Material gegen Material ist zu selten, deshalb wird hier nicht weiter darauf eingegangen, aber vielleicht sind Brettchen-Turniere mehr zum Spaß ganz interessant.

Es kommt immer wieder vor, dass junge Spieler völlig unvorbereitet gegen Materialspieler oder Abwehrspieler antreten müssen und ganz verzweifelt am Tisch stehen, weil sie die Bälle dieser Spieler überhaupt nicht kennen. Allein schon aus diesem Grunde sollte diese Spielweise im Training öfter mal vorkommen. In den Vereinen gibt es oft kaum noch solche Spieler. Wenn die Schüler das untereinander trainieren wollen, dann müssen sie auch lernen, selbst Abwehr oder Material zu spielen. Bei solchen Übungen ist der Eröffnungstopspin leichter lernbar. Außerdem schafft diese völlig andere Art Tischtennis zu spielen am Ende des Trainings noch einmal Neugiermotivation, und die Umstellungsfähigkeit wird geschult.

5.5 Einspielen am Trainingsanfang

Beim Einspielen ist vieles anders:

- Etwas längerer Aufschlag ohne Unter- oder Seitschnitt, auch aus der VH-Seite,
- auf den Schläger spielen,
- regelmäßige Platzierung,
- lange Ballwechsel,
- früher Balltreffpunkt,
- nur so viel Tempo, dass der Partner einigermaßen sicher zurückspielen kann, Tempo und Spin während der Ballwechsel steigern,
- möglichst flache Flugbahn,
- den freien Arm einigermaßen richtig in die Bewegungen einbeziehen, während der Ballwechsel kein Ball in der freien Hand.

Alle wissen es, nur wenige setzen es um. Der Trainer geht von Tisch zu Tisch und gibt Hilfen aller Art. Anfänger haben oft Probleme, das Tempo richtig zu dosieren und die Bälle einigermaßen regelmäßig (auf den Schläger) zu platzieren.

5.6 Einzeltraining

Werner Schlager, TT-Weltmeister von 2003: „Im Wettkampf spiele ich niemals zweimal nacheinander den gleichen Ball.“

Damit mehr Anfänger Einzeltraining bekommen können, ist es günstig, etwas ältere Spieler, die die Grundschläge beherrschen, als Zuspieler einzusetzen. Die Zuspieler sollten vom Trainer angelernt, eingewiesen und kontrolliert werden. Am Beginn des Trainings sollte der Trainer dem Zuspieler erklären, was und wie er mit dem jeweiligen Spieler üben und worauf er dabei achten soll:

- Möglichst viele Bälle pro Ballwechsel spielen.
- Gegen Anfänger ruhig alle Bälle irgendwie zurückspielen (als Volley, vom Boden, nach zweitem Aufsprung, ...).

- Sobald der Spieler blocken kann, ihn öfter unter Beschuss nehmen (natürlich mit schnellen Topspins).
- Nie mehr als dreimal den gleichen Ball spielen, der Spieler muss in Bewegung bleiben.
- Die Tischmitte nicht vergessen und Bälle mit unterschiedlicher Länge spielen.
- Bei Schwächen den entsprechenden Ball häufiger spielen, aber nur, wenn dabei ein Lernfortschritt festzustellen ist.
- Immer so spielen, dass der Lernende eine Chance hat, den Ball zurückzuspielen.
- Innerhalb der Ballwechsel die Schwierigkeit (alle PTRF) langsam steigern.
- Öfter mal völlig überraschende Bälle einstreuen (Ballonabwehr, Schnittabwehr, leere Bälle, Stoppbälle, ...).
- Am Ende spielt der Zuspieler einen kleinen Wettkampf, er nimmt dabei den Schläger in die falsche Hand oder gibt Vorgabe, falls das sinnvoll ist.

Ein weit verbreiteter Irrtum ist, dass Bälle mit hoher Flugbahn leichter zu spielen sind. Spiele daher mit normaler Flugbahn zu. Am einfachsten sind die Bälle zu spielen, deren Flugbahn etwa am Ende des Tisches den höchsten Punkt erreicht. Das ist dann der Fall, wenn der Ball in der Mittelzone des Tisches abspringt. Dabei ist das Tempo des zugespielten Balles gering. Damit bis zum nächsten Schlag des Lernenden möglichst wenig Zeit vergeht, trifft der Zuspieler den Ball früh in der aufsteigenden Phase. Sollten die Ausholbewegungen des Lernenden zu groß sein, spielt der Zuspieler kürzer zu, dann muss die Ausholbewegung über dem Tisch beginnen. Er variiert ständig die Platzierung seiner Schläge (VH, RH, Tischmitte, etwa länger, etwas kürzer), und nach einigen guten Bällen streut er auch mal einen Ball mit einer etwas höheren Flugbahn und mehr Spin ein. Natürlich spielen die Anfänger einen griffigen Belag mit dickem Schwamm. Falls erforderlich, kommen die Hinweise: „streicheln" (den Ball), „locker" (alle Bewegungen). Alle Schlagbewegungen sollten am Anfang nach vorne und manchmal ein wenig nach oben ausgeführt werden, sollte der Spieler bei einer RH etwas unter den Ball gehen, bedeutet das gleich „Alarm", es ist schwer, eine Spin-Rückhand zu erlernen, wenn vorher der RH-Schupf erlernt wurde. Im Einzeltraining sollte schwerpunktmäßig das geübt werden, was die Spieler beim Training untereinander nicht spielen können.

Fange ich mit RH oder VH an? (Frage eines Trainers)

Weder noch! Am Anfang werden sofort unterschiedliche Bälle gespielt. Die Frage stellt sich erst beim ersten Einzeltraining, da wird die Seite häufiger angespielt, auf der der Spieler besser ist, damit er Erfolgserlebnisse hat und die Hilfen mit externalem Fokus[5] gegeben werden können. Der erste Ball geht meist, aber nicht immer auf die bessere Seite. Wenn beim Erlernen der Vorhand oder der Rückhand Probleme auftreten, ist es oft hilfreich, zunächst ein oder zwei Bälle auf die gute Seite zu spielen und dann auf die Problemseite zu wechseln. Ein Beispiel: Der Lernende holt bei der VH falsch aus. Durch ein erstes Zuspiel auf RH und anschließenden Wechsel auf VH fehlt dem Lernenden sowohl Zeit zum Nachdenken wie auch Zeit zum falschen Ausholen. Er spielt den Ball automatisch richtig. Wenn er die erste VH richtig gespielt hat, spielt er oft auch mehrere VH hintereinander richtig.

[5] Externaler Fokus: Statt Schlagtechniken durch Beschreibung der Bewegung zu schulen, werden Zielvorgaben gemacht.

Nach dem gleichen Prinzip lässt sich die „Zurück"-Bewegung bei langen Bällen erlernen. Zuerst einen Ball sehr kurz einspielen, dann den langen Ball hinterher. Nach dem Spielen des netznahen Balls muss sich der Spieler ohnehin zurück bewegen. Die Aussicht ist groß, dass er sich auch für den langen Ball weit genug zurück bewegt.

Ziel sollte sein, möglichst schon im ersten Training über die ganze Breite des Tisches unregelmäßig zuzuspielen.

Bei Spielern, die RH bevorzugen, besteht die Gefahr, dass sie mit der RH auf die VH-Seite gehen. Wenn dies während des Ballwechsels passiert, spielt der Zuspieler in die weite RH und dann in die weite VH.

Gerade Spieler, die etwas langsamer lernen oder Probleme haben, benötigen Einzeltraining beim Trainer. Sie hören sonst irgendwann auf und es kommen immer weniger Kinder, denn einer ist immer der Letzte.

Der Trainer kann mit mehr Spielern trainieren, wenn man mit mehreren Spielern gleichzeitig übt. Dafür kommen aber nur Spielformen in Frage, bei denen die Spieler in der Bewegung bleiben und zwischen den einzelnen Schlägen nicht zu viel Zeit vergeht:

» **1+1 Trainer plus ein Spieler**

» **1+2 Zweierübungen mit Trainerzuspiel**

Ziele: erzwungene Beinarbeit (Spieler müssen in der Bewegung bleiben, weil der Ball immer auf die gleiche Stelle gespielt wird), Verbesserung der Schlagtechnik durch mehr Zeit zwischen den Schlägen. Die beiden Lernenden spielen immer Vorhand parallel aus der VH-Seite. Ein Spieler geht aus der RH-Seite zum Ball und bewegt sich sofort in die RH-Seite zurück (seitliche Beinarbeit). Der andere Spieler bewegt sich etwa von der Tischmitte aus etwa zwei Metern Entfernung vom Tisch zum Ball und bewegt sich nach dem Schlag sofort in die Ausgangsposition zurück (Vor-/Zurück-Beinarbeit). Nach ungefähr fünf Minuten werden natürlich die Positionen getauscht. Dabei können schon Anfänger lange Ballwechsel mit recht hohem Tempo spielen.

Ein Spieler steht auf VH-Seite, ein Spieler steht auf RH-Seite.

Der Trainer spielt die beiden Spieler abwechselnd auf ihrer Seite an, aber mit wechselnden Platzierungen. Die Spieler müssen jedes Mal entscheiden, ob sie mit VH oder RH zurückspielen.

Zweier-Übung mit einem Rechts- und einem Linkshänder: Der Ball wird vom Zuspieler immer auf die Tischmitte gespielt. Beide Spieler spielen mit VH zurück. Wie in einem Rechts-/Linkshänder-Doppel steht der Rechtshänder auf seiner RH-Seite, der Linkshänder steht auch auf seiner RH-Seite. Wegen VH-Griff spielt der Rechtshänder auf die RH-Seite und der Linkshänder auf die VH-Seite (immer bezogen auf Rechtshänder-Zuspiel).

» **1+3 Doppel mit Trainer als Mitspieler**

Doppel mit Trainer: Trainer und drei Spieler; Ziele: erzwungene Beinarbeit, erzwungene Vielfalt der Schläge, durch Bälle des Trainers beeinflussbar. Beim Doppel mit drei unterschiedlich starken Anfängern spielt der Trainer mit dem Schwächsten und spielt so, dass es immer spannend bleibt, aber wie immer bei solcher Spielweise darf er niemals einen Ball absichtlich verschlagen, er spielt nur nicht seine besten Bälle. Diese Übung spielen die Kinder immer sehr gerne.

» **1+5 Rundlauf mit Trainer als Zuspieler (oder 1+3/1+4)**

Rechts herum: VH; links herum: RH; beides auch mit kurzem Spiel möglich, Draufhauen ist immer verboten, keiner scheidet aus, jeder zählt seine Fehler, fünf Spieler sind optimal, drei Endspiele, falls Tische frei sind (die beiden mit den wenigsten Fehlern spielen das Endspiel, die nächsten um Platz drei und vier, der Spieler mit der höchsten Fehlerzahl spielt oder trainiert mit dem Trainer).

Auch mit drei Spielern sind Rundläufe mit Trainerzuspiel möglich. Dann spielt jeder Spieler zwei Bälle zurück, bevor er weiterläuft. Wenn im Uhrzeigersinn gelaufen wird, wird der erste Ball immer mit der RH gespielt, dann kann der Zuspieler den zweiten Ball auf die Tischmitte zurückspielen, dieser Ball wird mit der VH gespielt.

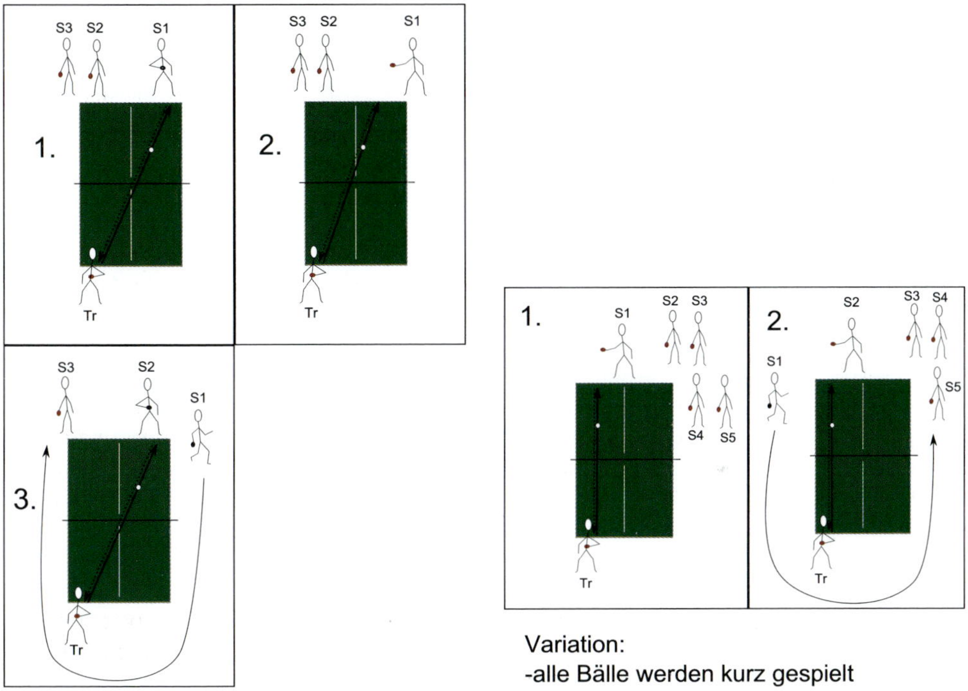

Abbildung 13: Rundläufe

5.7 Das Erlernen des Aufschlags

Der Aufschlag sollte möglichst früh erlernt werden, da er einer der wichtigsten Schläge im heutigen Tischtennis ist und in jedem Ballwechsel vorkommt. Dadurch sind gute Aufschläge auch für die Qualität des Trainings am Tisch von entscheidender Bedeutung. Im Folgenden nennen wir einige zentrale Elemente für das Erlernen von Aufschlägen:

» Der Aufschlag sollte den Regeln entsprechen, da falsch Gelerntes schwer zu ändern ist: Der Ball befindet sich hinter dem Tisch, auf der flachen Handfläche des Aufschlägers, sodass der andere Spieler ihn sehen kann. Der Ball muss vor dem Treffpunkt mindestens 16 cm hoch geworfen werden.

- Alle Ballwechsel im Training beginnen mit dem Einspielen des Balles, also mit einem Aufschlag. Das Einspielen sollte niemals einem unkonzentrierten Einwerfen gleich kommen, es sollte immer nur ein Ball in der Hand sein, der Spieler sollte immer die richtige Aufschlagposition auf der RH-Seite des Tisches einnehmen.
- Damit ordentlich trainiert werden kann, sollten die Aufschläge (= Einspiele) flach über das Netz, einigermaßen sicher, mit den für die jeweilige Übung erforderlichen Tempi und Platzierungen gespielt werden (und natürlich immer regelkonform).
- In der Einspielphase und bei den meisten Übungen sind Aufschläge mit gemischten Rotationen ungünstig.
- Für einige Kinder stellt das Erlernen des Aufschlages eine besondere Schwierigkeit dar. Der Ball muss hochgeworfen und dann als Volley getroffen werden. Übung: Der Ball wird ein bisschen hochgeworfen und volley auf die andere Tischhälfte gespielt. Dann sollte er volley auf die eigene Tischhälfte gespielt werden. In der dritten Phase so, dass er auf beiden Tischhälften aufspringt. Als weitere Vorübungen eignen sich das Prellen des Balles auf dem Hallenboden, Volleyspiel gegen die Wand oder Ping-Pong. Manchmal besteht aber die einfachste Lösung darin, dass der Trainer sich zu dem Neuankömmling stellt und ihm ein paar Hilfen gibt. Meist ist das Problem nach fünf Minuten gelöst. Eine gute Vorübung für das Erlernen des Ballhochwurfs ist auch das Jonglieren mit drei Bällen (vgl. Fürste 2008, S. 10 – 18, S. 11.)
- Nach und nach sollten die Kinder lernen, den langen, schnellen Aufschlag am Ende der eigenen Tischhälfte zum ersten Mal aufspringen zu lassen, damit der Ball schnell und flach über das Netz fliegt und möglichst am Ende der gegnerischen Tischhälfte aufkommt. Je später der Ball getroffen wird, also je niedriger er beim Balltreffpunkt über der eigenen Tischhälfte ist, desto schneller und flacher kann der Aufschlag gespielt werden. Dabei wird etwas Vorwärtsrotation dadurch erzeugt, dass der Ball beim zweimaligen Auftreffen auf den Tisch etwas abgebremst wird („Roll"-Aufschlag). Dieser Effekt kann ausgeschaltet werden, wenn der Ball mit etwas Unterschnitt eingespielt wird. Dann kommt der Aufschlag fast ohne Schnitt (leer) beim Gegner an.

Rotationsaufschläge

Sobald die Kinder einen regelkonformen Rollaufschlag beherrschen, kann auch mit dem Erlernen von Rotationsaufschlägen begonnen werden. Alle Rotationsübungen sind dazu als Vorbereitung sinnvoll. Am Tisch bietet sich der Back-Spin-Aufschlag zum Einstieg an. Der Ball wird am Südpol mit nahezu waagerechtem Schlägerblatt getroffen, die Schlagbewegung verläuft in der horizontalen Ebene. Beim Side-Spin-Aufschlag wird, zumindest anfangs, eine U-förmige Schlagbewegung ausgeführt, als Einstieg eignet sich insbesondere der sogenannte Scheibenwischer. Je nach dem in welcher Schlagphase man den Ball trifft, sind Variationen von Side-Unterschnitt bis Side-Oberschnitt möglich. Mit etwas Übung kann man den Schnitt zusätzlich auch durch den Balltreffpunkt auf dem Schlägerblatt beeinflussen. Dabei gilt: Je weiter sich der Balltreffpunkt auf dem Schlägerblatt dem oberen Rand annähert, desto größer ist aufgrund physikalischer Gesetze die Geschwindigkeit, mit der der Ball tangential getroffen wird, umso stärker ist also auch die Rotation des Aufschlags.

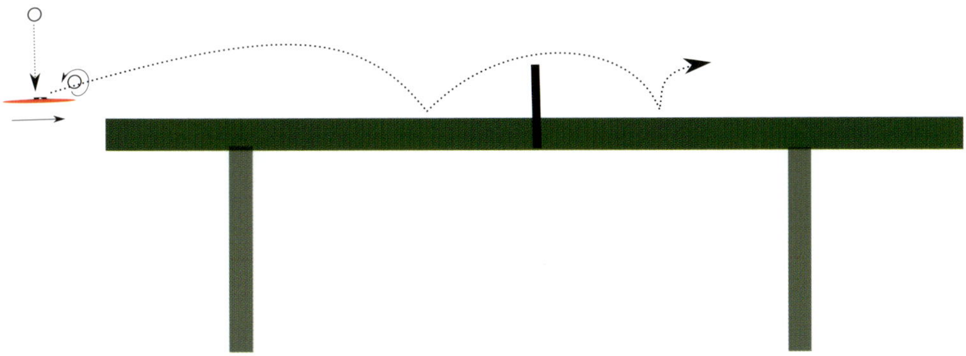

Abbildung 14: Back Spin

Durch Aufschläge im Wettkampf werden folgende Ziele verfolgt (vgl. Langham 2001, S. 29):

- » Direkter Punktgewinn
- » Punktgewinn durch den 3. Ball aufgrund schwacher Rückschläge (hoch, lang, langsam)
- » Die eigenen Stärken durch das Aufschlagspiel ins Spiel einbringen (z. B. VHT bei VH-Dominanz)
- » Die Stärken des Gegners aus dem Spiel nehmen, die Schwachstellen anspielen (z. B. RH-dominante Spieler mit der RH in die VH locken).

Bei dem Erlernen von Rotationsaufschlägen sind folgende Punkte zu beachten (Fürste 2008 und Langham 2002):

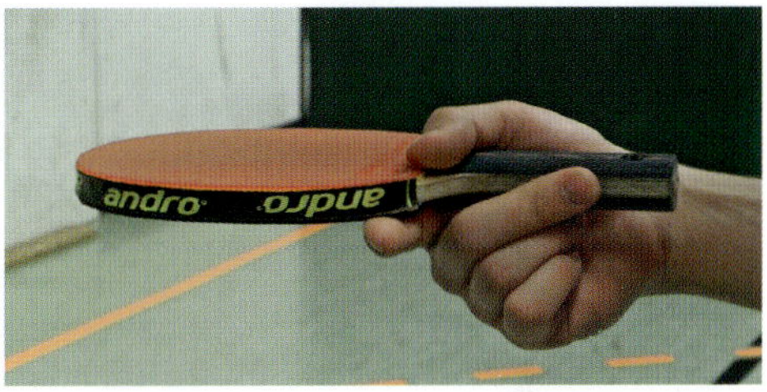

Abbildung 15: Umgreifen bei Aufschlägen

- » Der Schläger liegt locker in der Hand, gegebenenfalls umgreifen.
- » Viel Handgelenk- und Unterarmeinsatz.
- » Schnelle Bewegung, gerade beim Balltreffpunkt.
- » Tangentialer Balltreffpunkt.
- » Zunächst liegt der Schwerpunkt auf Rotation (R) und Länge/Platzierung (P), anschließend erst werden Flughöhe und Tempo verfeinert (Krämer 2001a, S. 21).

Kurz, halblang, lang

- » Kurze Aufschläge: Der Ball soll auf der eigenen Tischhälfte möglichst in Nähe des eigenen Netzes aufticken und sollte auf der gegnerischen Hälfte mindestens zweimal aufkommen. Je tiefer der Übende den Ball trifft, desto flacher kann er den Ball spielen. Besonders im Doppel ist ein flacher, kurzer Aufschlag sehr wichtig!
- » Halblange Aufschläge: Der Gegner kann nur schwer abschätzen, ob der Ball noch einmal auf der eigenen Tischhälfte auftickt, oder ob er den Ball direkt anziehen kann. Günstig sind halblange Aufschläge vor allem mit verschiedenen Side-Spin-Variationen auf den Ellbogen.

Der Vorteil gegenüber kurzen Aufschlägen: Der Rückschlag kann nur schwer kurz zurückgelegt werden, den dritten Ball kann der Aufschläger häufig angreifen.

» Lange Aufschläge: Werden lange Aufschläge im Wettkampf gespielt, so müssen diese sehr lang und sehr schnell sein. Ansonsten lädt man den Gegner zum Angriff ein. Häufig werden lange Aufschläge mit Vorwärts-Rotation als Überraschung eingestreut. Bei Anfängern und teilweise auch noch bei Fortgeschrittenen können sie aber auch dazu dienen, direkt die schwache Seite zu attackieren.

Folgende U-Formen sind bei VH-Aufschlägen möglich:

» Mit der Schlägerspitze nach oben: von links nach rechts

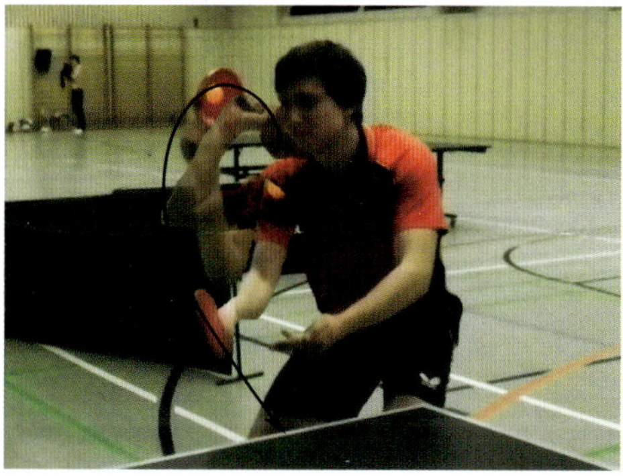

Abbildung 16: U-Form VH 1

» Mit der Schlägerspitze nach oben: von rechts nach links

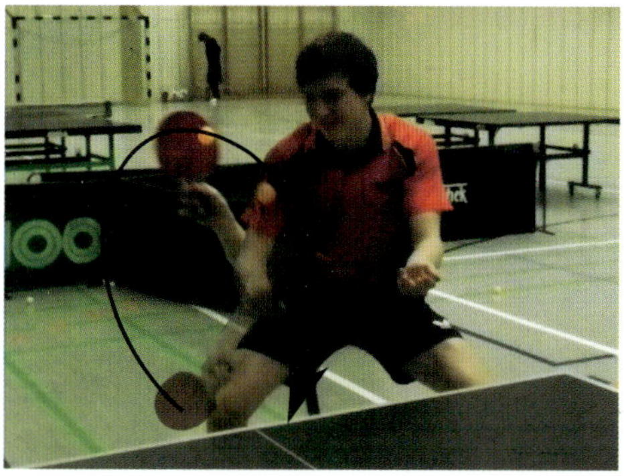

Abbildung 17: U-Form VH 2

» Mit der Schlägerspitze nach unten: von rechts nach links

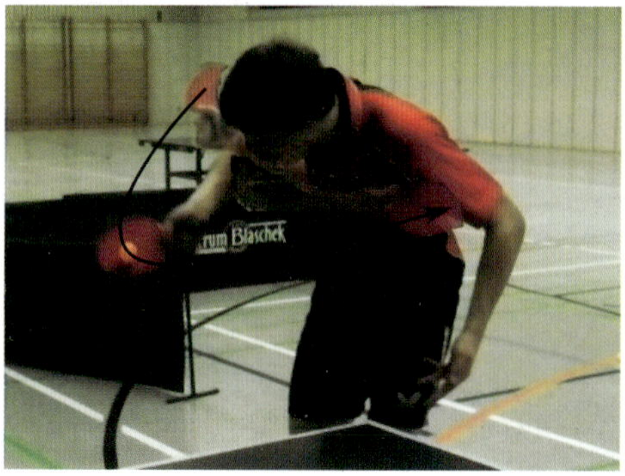

Abbildung 18: U-Form VH 3

» Mit der Schlägerspitze nach unten: von links nach rechts

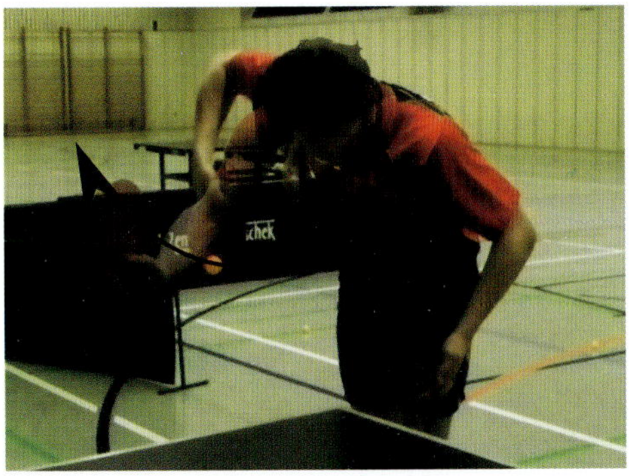

Abbildung 19: U-Form VH 4

Beim RH-Aufschlag kann das Handgelenk nur bei Aufschlägen flexibel eingesetzt werden, bei denen die Schlägerspitze nach unten zeigt:

» Mit der Schlägerspitze nach unten: von links nach rechts

» Mit der Schlägerspitze nach unten: von rechts nach links

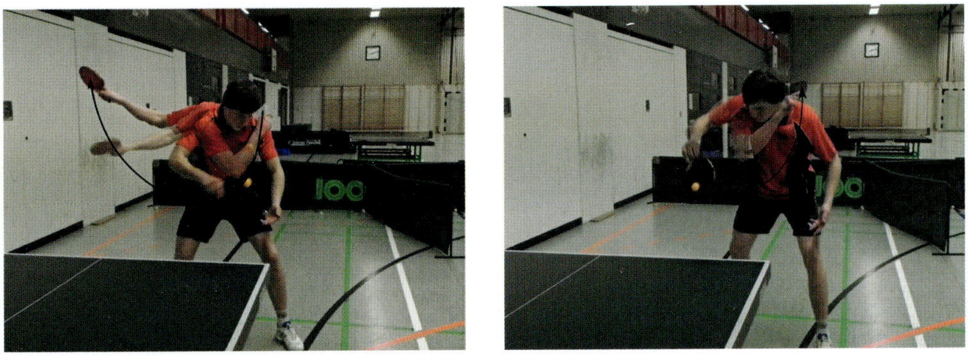

Abbildung 20: RH-Aufschläge

5.8 Material in der Sporthalle

Es muss grundsätzlich Wettkampfmaterial sein.

5.8.1 Schläger

Es gibt für 15-20 € wettkampftaugliche Schläger. Die Schwammstärke sollte niemals unter 1,5, möglichst bei 2,0 liegen; die Werte für Effet, Katapulteffekt und Tempo sollten über 80 liegen, der Härtegrad des Schwammes etwa bei 40–42. Manche Grundschulkinder brauchen verkleinerte Schlägergriffe, falls weder Mittel-noch Ringfinger den Daumenballen berühren, wenn das Kind den Schläger in der Hand hat. Bei Wettkampfschlägern ist es normal, dass sich mal ein Belag ablöst, es sollte Belagkleber zum Nachkleben vorhanden sein. Wenn mal das Holz zerbricht, können die alten Beläge (solange noch unbeschadet) auf ein neues Holz geklebt werden. Die Beläge spielen sich mit der Zeit ab. Wenn sie glatt sind, fallen die Topspins ins Netz, der Trainer muss die Beläge in diesem Fall kontrollieren, der Schläger muss neu belegt werden. Die Schläger müssen vor Wärme und UV-Strahlungen geschützt werden. Wollen die Kinder noch im Freien spielen, benötigen sie einen Zweitschläger.

Fast alle Spitzenspieler spielen mit schnellen Angriffsbelägen (Noppen innen, maximale Schwammstärke), allerdings finden sich immer wieder ein paar Exoten, die noch mit Noppen außen spielen: Dieser Belag ist nicht glatt, sondern hat kurze, mittellange oder lange Noppen. Insbesondere lange Noppen knicken beim Balltreffpunkt teilweise etwas weg, hierdurch wird die Rotation ähnlich wie beim Anti umgedreht. Schnitt und Flugbahn des Balles hängen nun aber auch davon ab, wie viele Noppen wie stark geknickt sind. Trifft man den Ball mit langen Noppen eher zentral, so knicken die Noppen nicht weg, es kommt ein „krummer" Ball (Geske/ Mueller 2011, S. 65f.). Anfangs haben Kinder große Probleme mit dem ungewohnten Spin, der beim Spiel gegen solches Material entsteht (im Folgenden werden Noppen außen einfach als „Material" bezeichnet). Es ist wichtig, dass die Kinder im Training Materialschläger untereinander selbst ausprobieren können, damit sie im Wettkampf keine bösen Überraschungen erleben.

Manchmal ist das Obergummi ohne Schwamm direkt auf das Holz aufgeklebt. Solche Schläger bezeichnet man als „Brettchen". Die Bälle kommen hier nicht ganz so „krumm" zurück, Brettchen sind anfangs auch einfacher zu spielen als Materialschläger, von daher bietet es sich an, zuerst mit Brettchen zu trainieren, bevor Material eingesetzt wird.

Bei sogenannten „Antis" ist die Oberfläche nicht griffig, der Belag selbst kann keinen Spin erzeugen. Mit der Umkehr der Flugrichtung ändert sich dann die Art der Rotation: Aus Unterschnitt wird Oberschnitt und aus Oberschnitt wird Unterschnitt. Je mehr Top-Spin der Angreifer spielt, umso stärkeren Unterschnitt bekommt er zurück. Wird ein Unterschnittball mit einem Anti als Schupfball zurückgespielt, so enthält dieser Ball Oberschnitt. Deshalb gilt gegen Anti-Topbeläge: Nie zwei Bälle nacheinander schupfen, der zweite Ball steigt sonst hoch oder fliegt drüber.

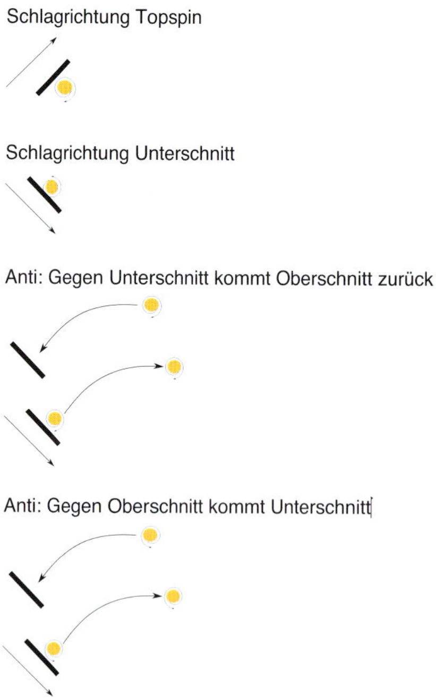

Abbildung 21: Spin mit Anti umdrehen

5.8.2 Weitere Materialien in der Sporthalle

» 30 bunte, leichte Plastikbälle (damit es nicht zu Verletzungen oder Sachbeschädigungen kommt),

» vier Schwebebalken (Bank umgedreht oder in normaler Position),

» acht kleine Kästen,

» Tischtennis-Banden für „Tennis" (mit TT-Material),

» TT-Schläger werden falls nötig gestellt (Schwammstärke nicht unter 2,0 mm),

» Springseilchen,

» TT-Tische, bei denen eine Seite hochgeklappt werden kann oder mit denen ein Grabentisch möglich ist,

» Kleinmaterialien wie Brettchen, bunte Tischtennisbälle, evtl. bunte Jumbos, Materialschläger, weiche Frisbees,

» Stangen mit Fähnchen für Staffeln,

» Badebälle,

» Tennisbälle zum Jonglieren (oder Jonglierbälle).

Bei den *Tischen* geht es vor allem um:

» Haltbarkeit,

» Sicherheit beim Auf- und Abbau,

» einfache Handhabung,

» geringe Stellfläche,

» flexible Nutzungsmöglichkeiten.

Diese Anforderungen werden am besten erfüllt durch Tische, deren Hälften einzeln herausgefahren und aufgebaut werden können. Damit lassen sich auch die sehr wichtigen Übungen am Grabentisch bzw. gegen eine hochgeklappte Tischhälfte spielen.

Netze zum Anklemmen (mit Wettkampfzulassung) sind deutlich einfacher zu handhaben, haben trotzdem keine Nachteile gegenüber angeschraubten Netzen.

Bälle: Es können die von den TT-Firmen angebotenen Trainingsbälle genutzt werden. Es sollten reichlich Bälle vorhanden sein, sie sind sehr preiswert. Hauptsächlich gelbe Bälle benutzen, aber zu bestimmten Übungen werden auch weiße Bälle gebraucht (z. B. wenn durch Wechsel der Farbe des Balles nach einem Fehler ein Tisch als Gewinner ermittelt wird).

6 Typischer Aufbau einer Trainingseinheit/ Doppelstunde

„Wir haben, seit wir denken können, mit Bällen gespielt, sagt Jan-Ove [Waldner]. Auch Tennis und Fußball.“ (Felke 1997, S. 34).

Beim Tischtennis kommt es auf das Zusammenspiel von Beinarbeit und Schlagausführung an. Bereits beim Aufwärmen wird das durch den Einsatz von Bällen, die mit unterschiedlichen Körperteilen gespielt werden, berücksichtigt. Steht genügend Platz zur Verfügung, bietet sich an, die Halle zu teilen: Auf der einen Seite toben die Spieler, auf der anderen Seite baut der Übungsleiter die Tische oder einen Parcours auf. Kleine Hallen können nicht unterteilt werden, es besteht Verletzungsgefahr. In diesem Fall üben die Kinder eigenständig mit Ball und Schläger, ohne in der Halle zu toben. Der hier beschriebene Ablauf ist günstig für eine Trainingsgruppe mit bis zu 20 Teilnehmern oder für eine Trainingsgruppe in einer großen Halle mit mehreren Trainern. Im Sportunterricht bestehen oft erschwerte Bedingungen. Hier muss das Training anders organisiert werden (vgl. Kapitel 6.5 „Trainingsaufbau bei zu wenig Tischen“).

Rahmenbedingungen für das Anfängertraining:

Anfänger brauchen unbedingt eine eigene feste Trainingsgruppe, möglichst zweimal wöchentlich etwa 90 Minuten mit einem festen Trainer und nicht mehr als 20 Teilnehmern. Ein zweiter Zuspieler ist günstig. Die Spieler verweilen drei Monate bis zwei Jahre in dieser Gruppe, bevor sie ins allgemeine Nachwuchstraining integriert werden.

Für Kinder gilt in besonderem Maße: „Der Anfänger (hier vor allem das Kind), der eine Schlagtechnik in der Grobform erlernt, neigt zu großem Bewegungsumfang verbunden mit zu großem Krafteinsatz und teilweise einsetzender Verkrampfung. Außerdem ist sein Schlagtempo häufig zu hastig.“ (Meinel 1976, S. 237f.) Um das zu verhindern, brauchen die Kinder neben dem richtigen Schlägermaterial häufig geänderte Spielsituationen. Dann passen sich die Bewegungen den geänderten Situationen günstig an.

Die Spielweise ist vor allem von fünf Faktoren abhängig:

- Erstens vom Weg des Balles bis zum Netz (günstig sind z. B. Mini-Tisch (kürzerer Weg), Grabentisch (längerer Weg),
- zweitens von dem Höhenunterschied zwischen Balltreffpunkt und Netz (z. B. erst nach Absprung vom Hallenboden auf den Tisch spielen),
- drittens von der Richtung, in der der Ball gespielt wird (z. B. Ping-Pong, zuerst auf eigene Tischhälfte),
- viertens von der Größe der Spielfelder, da die Spieler z. B. beim Spiel über die Bande weniger befürchten müssen, den Ball neben oder über das Spielfeld hinaus zu schlagen,
- und schließlich vom Material (wird gleich Wettkampfmaterial verwendet, ist weniger Krafteinsatz notwendig, die Spieler erzeugen automatisch mehr Spin und haben daher weniger Angst, dass die Bälle über den Tisch fliegen oder ins Netz gehen).

Wird der Weg bis zum Netz deutlich verkürzt (Mini-Tisch), reagiert der Spieler locker und mit einer angepassten Schlagbewegung. Bei Spiel über dem Tisch (vor allem netznah) verkürzt sich automatisch die Ausholbewegung. Beim Ping-Pong ist es kein Problem, den Ball über das Netz zu kriegen, es gibt auch wenige Möglichkeiten, durch Tempo zum Punkt zu kommen, vielmehr muss der Ball eher vorsichtig getroffen werden, damit er nicht hinten über den Tisch geht. Große Schlagbewegungen sind sinnvoll, wenn der Ballweg zum Netz oder der Höhenunterschied zwischen Balltreffpunkt und Netz verändert wird (Spiel über die Bande, Grabentisch, Spiel vom Boden auf den Tisch etc.).

Neben diesen technischen Gesichtspunkten für das Erlernen der Schlagtechnik gibt es auch allgemeine Grundlagen, die für den Aufbau des Trainings günstig sind:

» Viel Bewegung, wenig Pausen, nur kurze Erklärungen.

» Neugier, Kreativität bei den Kindern ermöglichen.

» Eigenverantwortung und Eigeninitiative der Kinder fördern.

» Mehrere Trainingsziele gleichzeitig erreichen, zum Beispiel Aufwärmen, Kondition/Koordination und Tischtennistechnik bei kleinen Spielen mit TT-Ball und Schläger.

» Eltern können als Zuspieler am Training teilnehmen.

» Es gibt ‚Hausaufgaben': Übungen oder Spiele mit Bällen aller Art, Nachspielen der Übungen mit TT-Ball und Schläger, Seilchenspringen.

Ablaufschema des Anfängertrainings:

Die Zeitangaben sind veränderbar, wollen die Kinder schnell an den Tischen trainieren, kann Phase 2 gekürzt werden. Dies ist gerade bei fortgeschrittenen Anfängern sinnvoll.

Phase 1: 10 min

Freies Spiel mit bunten Plastikbällen, Jonglierbällen oder Springseilchen (oder Tischtennisbällen und Schläger – falls keine Plastikbälle vorhanden oder zu wenig Platz in der Halle ist).

Phase 2: 30 min

Unter Anleitung des Trainers Übungen oder Spiele mit Bällen, Seilchen, TT-Ball + Schläger (manchmal werden Schwebebalken oder kleine Kästen eingesetzt).

Phase 3: 50 min

Aufbau für TT: eine Reihe Tische, in der Mitte der Halle Banden für „Tennis", hinten Tische mit einer hochgeklappten Seite oder Grabentische; die Kinder entscheiden selbst, wo sie hingehen, wählen selbst ihre Trainingspartner und entscheiden selbst, wann sie wechseln. Ab hier sind Zuspieler hilfreich.

Alternativ hierzu kann nach den strukturierten Trainingsplänen aufgebaut werden (6.4.2 „Trainingspläne").

Phase 4: Wenn noch Zeit ist ...

Die Halle ist wieder geteilt.

Einige Kinder spielen Fußball, sie organisieren ihr Spiel völlig selbstständig, weitere Kinder spielen mit dem Trainer oder untereinander oder mit Spielern aus der nächsten Trainingsgruppe, die schon früher gekommen sind, weiter TT.

Tabelle 7: Typischer Ablauf einer Trainingseinheit

	Aufbau	Trainingsform	Trainingsziel
Phase 1	Halle geteilt, auf einer Seite wird aufgebaut.	Toben mit Plastikbällen	Aufwärmen + Motivation
Phase 2	Abschnitt 1. Aufbau: Kleine Kästen, Banden, Schwebebalken.	Aufwärmen mit Plastikbällen oder TT-Material	Aufwärmen, Koordination/Kondition, TT-Technik
	Abschnitt 2. Kein Aufbau nötig.	Technische und koordinative Übungen aus dem Stand	Koordination/Sensibilisierung, TT-Technik, z. B. Rotation.
	Abschnitt 3. Aufbau: etwas geändert (z. B. für Staffeln).	„Richtig Gas geben“; in kleinen Wettkämpfen	Schnelligkeit/Kondition, hohes Aktivierungsniveau, soziale Motivation, auch TT-Technik
Phase 3	Abschnitt 1: Einspielen Abschnitt 2: Übungen zum jeweiligen Thema Abschnitt 3: Wettkampfformen	Übungen an Tischen und auf anderen Spielfeldern	Erlernen bestimmter Schlagarten, Differenzierung und Individualisierung des Trainings
Phase 4	Halle geteilt. Eine Hälfte Fußball, eine Hälfte Tische.	TT-Wettkämpfe oder Fußball	Motivation, noch einmal Austoben, noch mehr Trainieren, Kondition

Die Übungen sind alle für Rechtshänder dargestellt. Bei Linkshänder ist meist die einfachste Lösung, dass der Blockspieler RH statt VH bzw. VH statt RH spielt.

6.1 Phase 1: Freies Spielen

Jeder hat einen Plastikball oder einen Tischtennisball und Schläger. Mit Tischtennismaterial wird meistens gegen die Wände gespielt. Mit Plastikbällen werden auch Spiele oder Übungen mit Partnern improvisiert. Als Alternative können auch Springseilchen angeboten werden. Die Kinder können sich für eine Spiel- oder Übungsform entscheiden und alleine oder mit Partnern spielen (Autonomie).

6.2 Phase 2: Aufwärmen und koordinative Übungen mit Bällen

In dieser Phase werden die koordinativen und technischen Grundlagen für das Spiel am Tisch in spielerischer Form erarbeitet.

Die Übungen in dieser Phase sind in drei Abschnitte gegliedert:

Abschnitt 1 „Aufwärmen“ (mit Plastikbällen oder Tischtennismaterial). In diesem Abschnitt sollten die Kinder ständig in Bewegung bleiben. Wird zum Beispiel zwischendurch über eine Bank balanciert, verlangsamt sich dadurch das Tempo, in dem die Kinder unterwegs sind – es bildet sich vor der Bank eine Warteschlange. Das ist ungünstig und kann dadurch vermieden werden, dass zwei oder drei Bänke nebeneinander stehen, wobei eine Bank umgedreht sein kann.

Abschnitt 2 Übungen mehr aus dem Stand mit technischem Schwerpunkt (mit Plastikball oder Tischtennisball).

Abschnitt 3 „Richtig Gas geben" bei kleinen Spielen und Wettkämpfen. Alternativ sind hier kurze Sprints auf der Stelle oder längs durch die Halle bis zur Hallenmitte (jeweils mit ausreichender Pause) möglich.

6.2.1 Abschnitt 1

Übungen mit dem Plastikball

Ziele:

- In der Bewegung bleiben.
- Der ganze Körper spielt mit.
- Der Ball wird mit allen Körperteilen gespielt: Kopf, Brust, Arme, Hände, Oberschenkel und Füße.
- Beidseitigkeit: rechts, links oder beidhändig.
- Zusätzliche Bewegungen einkoppeln.

Beispiele:

- Prellen:
  - mit einer Hand
  - abwechselnd mit rechter, linker Hand
  - kreuz und quer durch die Halle
  - immer wieder durch den Mittelkreis, sich gegenseitig ausweichen
  - immer auf den Linien in der Halle entlang, sich gegenseitig ausweichen
  - rückwärts oder mit Side-Steps
  - mit dem freien Arm kreisen
- Ball am Fuß, dribbeln
- Ball mit Kopf spielen, auffangen (evtl. auf Schwebebalken oder gegen die Wand, auffangen)
- Ball mehrfach mit dem Kopf spielen
- Ball beim Laufen gegen die Hallenwand werfen und auffangen
- Ball mit den Händen tippen
  - abwechselnd Hand Innen- und Außenseite
  - abwechselnd rechts-links
  - mit dem freien Arm kreisen
  - auf einem Bein
- gegen die Wand spielen
  - einmal auf dem Boden aufspringen lassen oder volley
  - abwechselnd Hand Innen- und Außenseite
    - abwechselnd rechts-links

» Auf dem Schwebebalken:
  › Ball hochwerfen und auffangen
  › Ball köpfeln und auffangen

Mit TT-Material

Die Kinder laufen kreuz und quer durch die Halle und tippen oder prellen. Die Spieler, die das schon können, wechseln beim Tippen ständig die Schlägerseite. Das Gleiche machen sie rückwärts, aber in Gruppen längs durch die Halle. Möglich ist auch, dass sie auf einem Bein hüpfend prellen oder den Ball tippen oder balancieren (auf dem Schlägerblatt), während sie über Kästen oder um Hindernisse (z. B. Banden, Kästen) herum laufen.

Tippen und Prellen können auch kombiniert werden, z. B. dreimal tippen, dreimal prellen, beim Tippen kann der Schläger zwischendurch in die „falsche" Hand genommen werden. Wichtig ist, dass der Ball beim Tippen flach gehalten und weit genug vor dem Körper getroffen wird. Ziele:

» Lockerheit des ganzen Körpers

» taktile Sensibilisierung

» angepasster Bewegungsumfang

» Koppelung von Bewegungen des Körpers und Schlagbewegung

» wenig Krafteinsatz

» der Schläger liegt locker in der Hand. Handgelenk und Ellbogen sind locker.

Durch die Hindernisse und Vorgaben (Schwebebalken, rückwärts, Wechseln der Schlägerseiten) lernt das Kind, den Ball auch unter erschwerten Bedingungen zu kontrollieren. Grundlegende Koordinationsaufgaben bei der Ballschulung lassen sich durch zusätzliche Anforderungen in der Schwierigkeit steigern; teilweise können die Kinder selbst entscheiden, welche Schwierigkeitsstufe sie spielen.

Beispiele für die Erschwerung der Schlagtechnik:

Stufe 1: Tischtennisball auf dem Schläger tippen; Ball vor dem Körper treffen und möglichst flach halten, dabei gehen oder traben.
Stufe 2: Nach jedem Tippen die Schlägerseite wechseln.
Stufe 3: Beim Tippen den Schläger in die „falsche" Hand nehmen.
Stufe 4: Schläger wechselt nach jedem Schlag in die andere Hand (Schläger seitlich an den Belägen greifen, damit schnelles Umgreifen möglich ist).

Beispiele für die Erschwerung der Bewegungsform beim Tippen:

Stufe 1: Ball auf dem Schläger tippen, dabei durch die Halle/Klasse gehen oder laufen.
Stufe 2: Dabei rückwärts gehen oder laufen.
Stufe 3: Auf einer Bank gehen.
Stufe 4: Über den Schwebebalken (umgedrehte Bank) gehen.
Stufe 5: Beim Tippen auf einem Bein durch die Halle hüpfen.
Stufe 6: Beim Tippen auf einem Bein durch die Halle hüpfen und mit dem freien Arm kreisen.

Die Kinder können zwischen diesen Möglichkeiten auswählen. Gute Spieler können auf dem Schwebebalken zusätzlich die Erschwerung der Schlagtechnik anwenden.

6.2.2 Abschnitt 2

Mit Plastikball

Übungen aus dem Stand mit Plastikball:

» Ball mit Rotation so nach vorn werfen, dass er zurückkommt.

» Ball mit beiden Händen kräftig auf den Boden prellen, unter dem Ball durchlaufen, halbe Drehung, Ball auffangen.

» Auf dem Boden sitzen, Ball hochwerfen, aufstehen, Ball auffangen, Ball hoch werfen, hinsetzen, Ball auffangen.

» Breit stehen, Ball um den Körper herum zwischen den Beinen durch prellen.

» Arme ausbreiten, Ball mit rechts über den Kopf werfen, mit links fangen, und dann hin und her.

» Ball möglichst oft köpfeln.

» Ball mit Kopf, Fuß, Brust, Knie möglichst lange im Spiel halten.

» Mit Partner: Jeder hat einen Ball, beide Bälle werden gleichzeitig beidhändig zugespielt. Der eine Spieler prellt den Ball, der andere wirft ihn.

Mit TT-Material

Bei diesen Übungen steht die taktil-kinästhetische Sensibilisierung im Vordergrund. Die Anfänger entwickeln das nötige Gefühl für die Rotation, Handgelenk und Ellbogen sind locker.

Rotationsübung:

» Mit einer kurzen, schnellen Schlägerbewegung (waagerechtes Schlägerblatt, mit VH) Ball mit möglichst viel Rotation nach oben spielen und dann möglichst oft direkt wieder mit Rotation (Schlägerbewegung in die gleiche Richtung) weiterspielen. Rotation wird von Mal zu Mal stärker, der Ball verspringt irgendwann (Rotation: →).

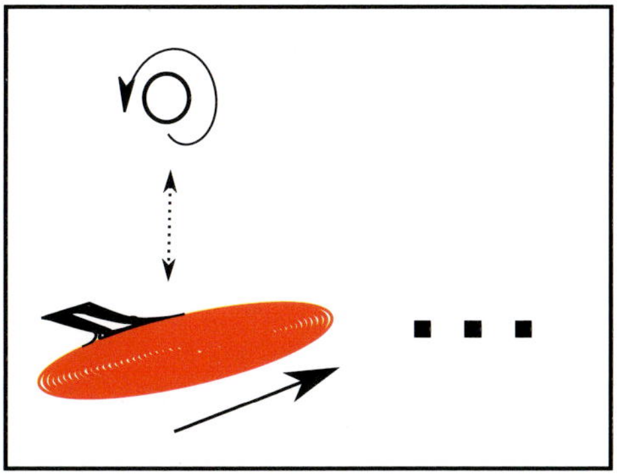

Abbildung 22: Rotationsübung I

» Das Gleiche mit entgegengesetzter Schlägerbewegung, ohne die Belagseite zu wechseln. Ball verspringt ebenfalls irgendwann (Rotation: ←).

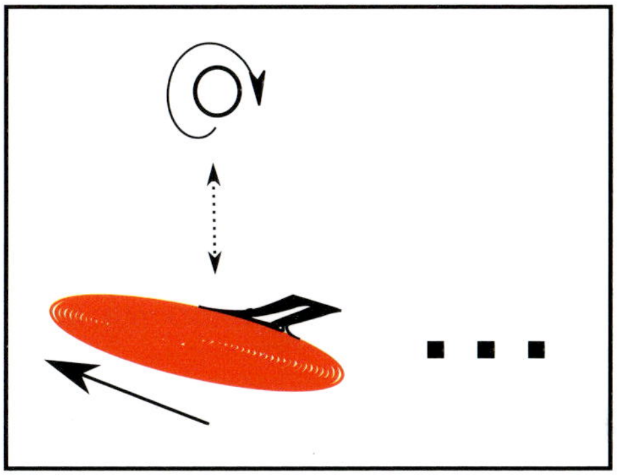

Abbildung 23: Rotationsübung II

» Rotation umkehren: Die erste Schlagbewegung geht waagerecht von rechts nach links, dann von links nach rechts (immer VH) (Rotation →/←/→...)

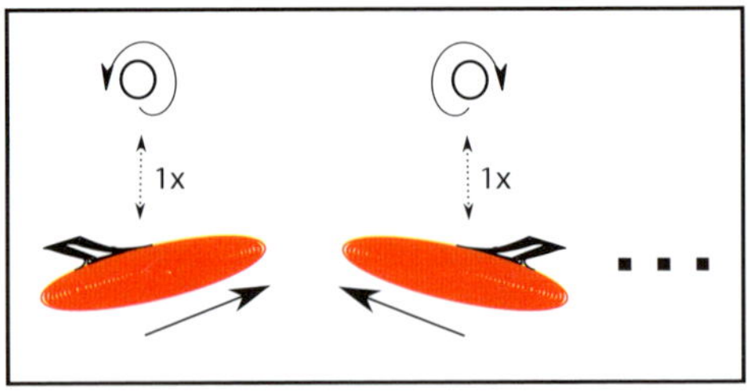

Abbildung 24: Rotationsübung III

» Ball von rechts nach links und anschließend von links nach rechts mit Rotation spielen, dann den Ball vom Schläger abprallen lassen und mit der linken Hand auffangen. Je schneller der dritte Ball vom Schläger abspringt, umso mehr Rotation wurde erzeugt. (Rotation →/←/abprallen lassen/auffangen)

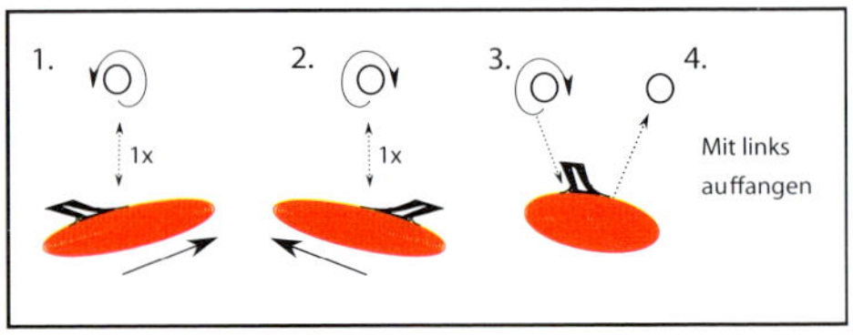

Abbildung 25: Rotationsübung IV

» Ball von links nach rechts und von rechts nach links mit Rotation spielen, den Ball vom Schlägerblatt abprallen lassen und mit Schläger auffangen (schwierig, der Trainer sollte diese Übung erst alleine üben). Auch hier gilt: Je schneller der dritte Ball abprallt, umso mehr Rotation wurde erzeugt. (Rotation: →/←/abprallen/mit Schläger auffangen)

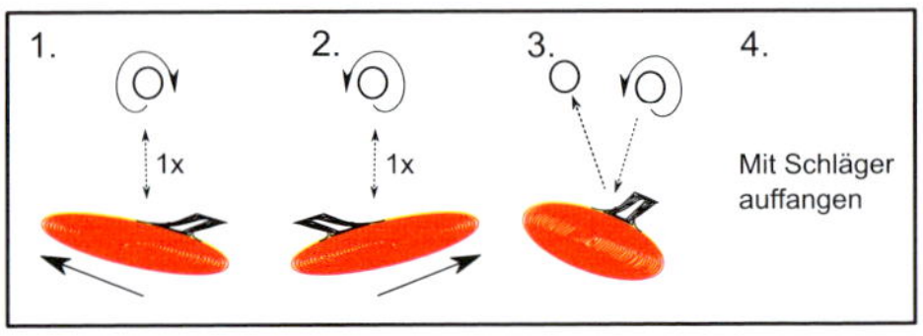

Abbildung 26: Rotationsübung V

Diese fünf Rotationsübungen können die Kinder auch gut zu Hause spielen.

Back-Spin

» Ball mit Rückwärts-Rotation (Back-Spin) so nach vorne spielen, dass er möglichst weit zurückrollt.

Am aufgebauten Tisch (in Phase 3):

» Am aufgebauten Tisch: Seitlich neben das Tischende stellen (auf VH Seite), Ball mit Back-Spin am Tischende parallel zum Tischende so einspielen, dass der Ball nicht seitlich drüber geht, sondern zurückspringt, den zurückspringenden Ball erneut so spielen und den Ball möglichst lange mit Back-Spin im Spiel halten.

» Aus der normalen Aufschlagposition den Ball mit Rotation so langsam Richtung Netz spielen, dass der Ball schon zurückrollt, bevor er das Netz erreicht. Ball auffangen und wieder von vorne.

» Kurzen Aufschlag mit Back-Spin so spielen, dass der Ball hinten nicht drüber geht oder sogar ins Netz zurückrollt.

Side-Spin

- Ball mit Side-Spin so nach vorne spielen, dass er um Gegenstände herum rollt. (Fahnen oder Tische)
- Am aufgebauten Tisch die Bälle mit verschiedenen U-Bewegungen einspielen, der Gegenspieler hält den Schläger nur hin, die Spieler beobachten, wohin der Ball abspringt. Der Rückschläger kann den Ball volley nehmen und vorher mit dem Finger anzeigen, wohin der Ball fliegen wird.

Taktil-kinästhetische Sensibilisierung:

- Ball liegt auf Schläger, wird hochgeworfen und mit dem Schläger wieder aufgefangen. Der Ball soll möglichst schnell wieder ruhig auf dem Schlägerblatt liegen.

Übungen für den Wechsel zwischen VH-/RH-Griff:

- Beim Tippen nach jedem Ballkontakt zwischen VH und RH wechseln.
- TT-Ball auf Boden prellen, dabei zwischen VH und RH wechseln und bewusst bei RH Daumen nach oben, bei VH Zeigefinger nach oben. Bei dieser Übung wird das Umgreifen erzwungen.

Wenn diese beiden Übungen ohne Umgreifen gespielt werden, muss der Ellbogen beim Wechsel (von RH auf VH oder von VH auf RH) sehr ungünstig verrenkt werden (selbst ausprobieren). Den Kindern sollte das erklärt werden und sie sollten beim Spielen dieser Übung darauf achten, dass beim Prellen mit RH der Schläger auf dem Zeigefinger liegt und beim Prellen mit VH auf dem Daumen, der parallel zur Unterkante des Schlägergummis liegt.

Beim Tippen wird die VH mit einem RH-Griff gespielt, beim Prellen ist dies umgekehrt. Wichtig ist, dass gerade beim Tippen schnell mit dem Wechsel zwischen VH und RH begonnen wird, damit sich die Kinder keinen RH-Griff angewöhnen.

Weitere Übungen des Wechsels zwischen VH- und RH-Griff:

- Beim Ping-Pong-Spiel wechseln die Spieler nach jedem Schlag zwischen VH und RH. Das geht am besten, wenn die Bälle halblang über die Tischmitte gespielt werden.
- Am hochgeklapptem Tisch den Ball auf der Tischmitte im Spiel halten und nach jedem Schlag zwischen VH und RH wechseln.

Eine oder mehrere dieser vier Übungen sollten im Training immer wieder vorkommen, weil der Wechsel zwischen VH- und RH-Griff automatisiert werden muss. Die beiden letzten Übungen (Ping-Pong, hochgeklappter Tisch) gehören in Phase drei, weil hier Tische erforderlich sind.

6.2.3 Abschnitt 3

Alternative Wettkampfformen

» Alle Spieler stehen in einer Hälfte der Halle. Die Aufgabe besteht darin, den Ball durch Tippen auf dem Schläger möglichst lange ohne Fehler zu spielen. Wer einen Fehler macht, geht auf die andere Seite der Halle und macht dort weiter, bis nur noch ein Spieler übrig ist. Bei dieser Übung können Spieler, die im Tippen schon ziemlich gut sind, nach jedem Schlag die Schlägerseite wechseln. Wenn die Spieler etwas weiter sind, sollten diese kleinen Wettkämpfe sofort mit Wechsel der Schlägerseite gespielt werden (Dies ist eine sehr wichtige Übung: Wechsel zwischen RH-/VH-Griff, lockeres Handgelenk, taktile Sensibilisierung). Wichtig ist, dass der Ball beim Tippen möglichst flach gehalten wird.

» Wer kommt ohne Fehler an? Die Spieler laufen beim Tippen des Balles rückwärts oder hüpfen auf einem Bein längs durch die Halle und prellen dabei den Tischtennisball.

» Rotation erzeugen: Die Spieler stehen auf einer Linie und spielen den Ball mit möglichst starker Rückwärts-Rotation nach vorne: Welcher Ball rollt am weitesten zurück? Erschwerte Form: Die Spieler stehen in etwa vier Metern Abstand zur Wand auf einer Linie, sie spielen den Ball mit möglichst starker Rückwärtsrotation in Richtung Wand, der Ball darf die Wand nicht berühren, muss aber hinter eine etwa einen Meter von der Wand entfernte Linie (z. B. Spielfeldbegrenzung) gespielt werden. Welcher Ball rollt am weitesten zurück?

» Squash mit TT-Material gegen die Wand.

» Wichtig ist, dass die kleinen Wettspiele möglichst oft so organisiert sind, dass die ausgeschiedenen Spieler weiter machen können und trotzdem ein Gewinner ermittelt werden kann.

Staffeln mit TT-Material:

» Den Ball balancieren, prellen oder tippen. Bei der Übergabe keine Hände benutzen, direkt in der jeweiligen Spielform übergeben.

» Die Übergabe sollte immer um eine Stange herum stattfinden, zur Not geht es auch um einen Kasten herum.

» Diese Staffeln können auch um Hindernisse herum führen oder im Rückwärtslauf stattfinden. Wichtig ist, dass bei Staffeln keine gefährlichen Hindernisse zu überwinden oder zu umlaufen sind.

Staffeln mit Plastikbällen:

» Ball prellen.

» Ball nah am Fuß führen und dribbeln, auf jeden Fall mit Hindernissen, damit der Ball nicht einfach weit nach vorne geschossen wird.

» Laufen, dabei muss der Ball bis zur Weitergabe dreimal mit dem Kopf gespielt werden.

» Ball prellen und zwischendurch zweimal mit dem Kopf spielen.

» Ball prellen und dabei rückwärts laufen, Side-Steps oder auf einem Bein hüpfen.

Staffeln ohne Material:

- Vorwärts oder rückwärts oder mit Side-Steps um Banden und Kästen herum, über kleine Kästen (keine gefährlichen Hindernisse!).
- Auf einem Bein.

6.2.4 Schematische Darstellung der Übungen zur Ballschulung

Die beschriebenen Spielfelder, Spielweisen, Bewegungsformen und Laufwege durch die Halle können je nach Trainingsziel zu vielen unterschiedlichen Übungen zusammengestellt werden.
(G = gute Gleichgewichtsübung, R = gute Rhythmusübung, K = gut koppelbar)

Mit Plastikbällen

- *Spielfelder*: nur mit eigenem Körper oder mit Partnern (Kopfball, Brust, rechte/linke Hand, Oberschenkel, rechter/linker Fuß, beidhändig), gegen Wand, auf Boden, auf Bänken, auf/über kleine Kästen, über Bande, Wand/Boden.
- *Spielweisen:* werfen, fangen, treten, dribbeln, stoppen, jonglieren (Tennisbälle), prellen, Ball über den eigenen Kopf werfen, von rechts nach links und zurück; oder von vorn nach hinten, halbe Drehung, Ball auffangen ...; vor dem Fangen des Balles in die Hände klatschen; auf dem Boden sitzend den Ball hochwerfen, aufstehen, Ball auffangen oder andersherum.
- *Bewegungsformen:* gehen (K), laufen (K), hüpfen (G), Hopserlauf (R), rückwärts (K, G), auf einem Bein (K, G), Side-Steps mit halben Drehungen (K, R), Kreuzschritte (R), um oder über Hindernisse (K, R, G), auf Bänken oder Schwebebalken balancieren (K, G).

Mit Schläger und Tischtennisball

- *Spielfelder:* normale Tische, nur auf Schläger, gegen Wand, auf Boden, Boden/Wand, gegen hochgeklappte Tischhälfte, Grabentisch, Mini-Tisch.
- *Spielweisen:* schlagen, tippen, prellen, Ball auf Schläger balancieren, fangen.
- *Bewegungsformen:* stehen, gehen (K), rückwärts (K, G), auf Bank/Schwebebalken (K, G), über oder um Hindernisse herum (K, G, R), auf einem Bein (K, G).

Laufwege

- Laufwege durch die Halle: Kreuz und quer immer wieder durch den Mittelkreis/sich gegenseitig ausweichen, auf den Spielfeldlinien entlang, an Kreuzungen Richtung ändern.
- Regelmäßige Wege: im Kreis, längs, quer, diagonal.
- Falls vier oder mehr Basketballkörbe angebracht sind: im Kreis von Korb zu Korb prellen, dabei den Ball einmal in jeden Korb werfen, bevor es zum nächsten Korb weitergehen darf.

6.2.5 Exkurs: Aufwärmen bei aufgebauten Tischen

Oft ist vor dem Trainingsanfang bereits eine andere Gruppe in der Halle gewesen und die Tische sind schon aufgebaut. Dann bleiben die Tische natürlich stehen, es sind aber trotzdem Aufwärmübungen möglich, z. B. Side-Steps oder Kreuzschritte zwischen den Tischen hindurch. Aber auch Aufwärmen mit Ball und Schläger ist möglich, was für die Kleinen motivationale Vorteile hat. Vor diesen Übungen müssen die Kinder ermahnt werden, vorsichtig zu sein, damit sie sich nicht an den Tischecken verletzen.

Übungen:

- Die Kinder balancieren oder tippen den TT-Ball auf dem Schläger und laufen im Slalom um die Tische herum durch die Halle bis zum Ende der Tischreihe. Zurück laufen sie an der Wand oder den Banden entlang.
- Das Gleiche geht auch rückwärts, aber die Kinder müssen besonders ermahnt werden, dies vorsichtig und langsam zu machen.
- Die Kinder tippen den Ball auf dem Schläger und laufen neben der Tischreihe entlang. Auf jedem Tisch prellen sie den Ball zweimal (Linkshänder auf der anderen Seite!).
- Die Kinder tippen den Ball und prellen ihn auf jedem Tisch und zwischen den Tischen einmal auf den Boden (Linkshänder auf der anderen Seite).
- Die Kinder tippen den Ball auf dem Tisch und gehen dabei um den Tisch herum (Linkshänder an Extra-Tisch).
- Auch das Rundlaufspiel eignet sich bei aufgebauten Tischen zum Aufwärmen: Pro Tisch spielen fünf Spieler ganz normal Rundlauf, die Aufgabe besteht aber darin, den Ball möglichst lange fehlerfrei im Spiel zu halten. Niemand scheidet aus; beim ersten Fehler wird die Farbe des Balles ausgewechselt, bis nur noch ein Tisch fehlerfrei ist. Dann beginnt eine neue Runde. In solchen Spielen erreichen die Kinder nur über Zusammenarbeit einen Erfolg. Falls sich unter den Spielern Anfänger befinden, die den Ball noch nicht im Spiel halten können, bietet sich für diese Spieler Rundlauf mit Trainerzuspiel an.

6.3 Phase 3: Tischtennistraining

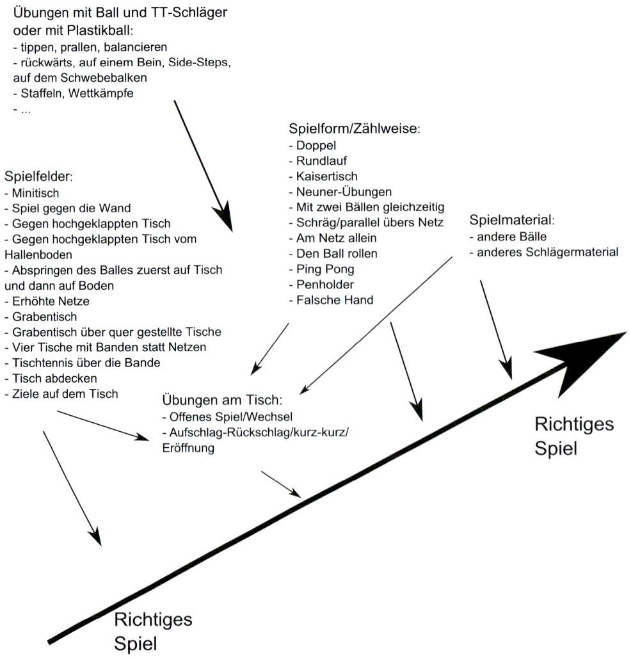

Abbildung 27: Richtiges Spiel

6.3.1 Alternative Spiel- und Trainingsformen

Voraussetzung: Für einige der hier aufgeführten Spielformen sind Tische erforderlich, die aus zwei getrennten Tischhälften bestehen. Bei zwei quergestellten Tischen mit Graben sind festeingebaute Netze hinderlich.

6.3.1.1 Spielfelder

1. ALT Mini-Tische

Beschreibung: Die Kinder spielen auf Tischen, deren Fläche etwa ein Viertel eines normalen Tisches entspricht, mit einem entsprechend niedrigerem Netz. Gerade bei großen Gruppen in kleinen Hallen haben Mini-Tische auch praktische Vorteile.

Was lernt der Übende? Der Mini-Tisch ist vor allem eine gute Vorübung für das Kurz-Kurz-Spiel. Aber auch die Lockerheit von Arm und Handgelenk wird trainiert (taktile Sensibilisierung).

Spielbar: An Mini-Tischen können die Kinder von Anfang an spielen.

Variation: Rundlauf, Wettkampf.

2. ALT Spiel gegen die Wand

Beschreibung: Der Spieler lässt den Ball auf dem Hallenboden abspringen und spielt ihn anschließend gegen die Wand, lässt ihn wieder aufticken und spielt ihn zurück, usw.

Was lernt der Übende? Das Spiel gegen die Wand ist eine gute Vorübung für das Spiel gegen Unterschnitt: Spielt der Lernende Oberschnitt, kommt Unterschnitt zurück.

Spielbar: Von allen Anfängern.

Variation: Zu zweit abwechselnd (Squash), gegebenenfalls mit Spielfeldmarkierungen auf dem Hallenboden (Wettkampf). Nur volley spielen (Ball kommt nicht auf dem Hallenboden auf). Abwechselnd VH-RH (wenn volley, für Fortgeschrittene).

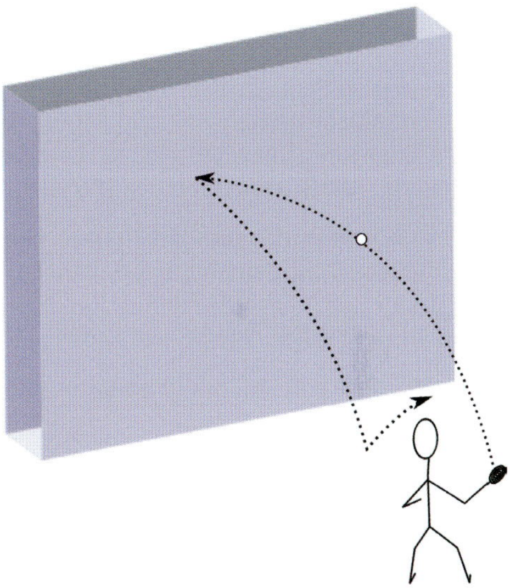

Abbildung 28: Gegen die Wand

Beim Spiel gegen die Wand oder gegen die hochgeklappte Tischhälfte kommt auf Unterschnitt Oberschnitt zurück, auf Oberschnitt Unterschnitt. Beim Spiel gegen die Wand lässt man den Ball zunächst etwa aus Augenhöhe auf den Boden fallen und spielt dann einen Unterschnittball oder einen Topspin. Auf den Unterschnittball kann weiter Unterschnitt gespielt werden, da die Bälle mit Oberschnitt zurückkommen. Diese Übung dient zum Erlernen des Abwehrschlages (Schnittabwehr). Beim Spiel gegen die hochgeklappte Tischhälfte ist der Ball schwerer zu kontrollieren. Der Ball wird nach dem Abspringen vom Boden mit Unterschnitt gegen die hochgeklappte Tischhälfte gespielt und soll dann zunächst auf der waagerechten Tischhälfte und dann auf dem Boden aufspringen, bevor er erneut mit Unterschnitt gespielt wird.

Man kann als Vorübung für den Eröffnungstopspin auch gegen die Wand oder gegen eine hochgeklappte Tischhälfte spielen, indem man einen Ball mit Oberschnitt gegen die Wand spielt und den mit Unterschnitt zurückkommenden Ball anzieht.

3. ALT Spiel gegen hochgeklappten Tisch

Beschreibung: Eine Tischhälfte ist hochgeklappt und steht im 90 Grad Winkel direkt an der heruntergeklappten Hälfte, an der das Netz befestigt ist. Den Ball vom Tisch abspringen lassen und dann mit VH hoch und so langsam gegen die hochgeklappte Tischhälfte spielen, dass der zurückprellende Ball in der Mittelzone der waagerechten Tischhälfte aufspringt. Schläger oben lassen und Ball am Ende des Tisches auf dem höchsten Punkt der Flugbahn treffen. Abstand des Balltreffpunktes zum Körper immer gleich lassen, von Schlag zu Schlag aus der VH-Seite in die RH-Seite wandern und zurück. Wenn die Schüler diese Übung können, üben sie den Wechsel von VH auf RH und zurück. Der Ball wird dabei aus der VH-Seite Richtung Mittellinie des hochgeklappten Tisches gespielt, von wo er dann auf der RH-Seite des Tisches aufspringt, von dort wird er mit RH wieder in Richtung Mittellinie gespielt

Was lernt der Übende? Koppelung von Schlagbewegung und Beinarbeit. Früher Balltreffpunkt, tischnah. Schläger bleibt oben. Schläger locker in der Hand, Ellbogen bleibt unten. Richtiger Abstand vom Ellbogen zum Körper, kann während der gesamten Übung beibehalten werden. Der Ball wird mit sehr wenig Tempo und wenig Spin gespielt. Der gesamte Körper, vor allem Handgelenk und Ellbogen, bleibt locker. Kleine Bewegungen und wenig Krafteinsatz. Wechsel VH/RH bzw. RH/VH.

Spielbar: Am Anfang muss der Trainer den Spielern diese Übung richtig beibringen (das kann bis zu fünf Minuten dauern), anschließend kann der Spieler alleine weiter üben.

Variation: Den Ball zu zweit abwechselnd spielen.

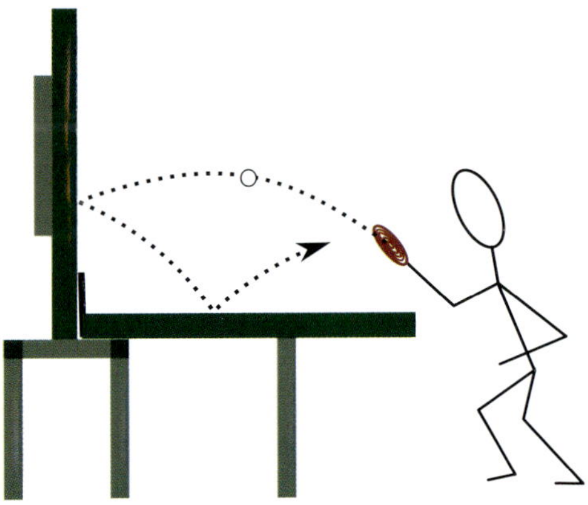

Abbildung 29: Hochgeklappter Tisch

4. ALT Spiel gegen hochgeklappten Tisch vom Hallenboden

Beschreibung: Die eine Tischhälfte ist erneut hochgeklappt. Der vom Hallenboden abspringende Ball wird so gegen den hochgeklappten Tisch gespielt, dass er zunächst auf dem Tisch und dann auf dem Boden aufspringt. Bei dieser Übung kommt auf Topspin Unterschnitt und auf Unterschnitt Topspin zurück, was beim Abspringen des Balls vom Hallenboden deutlich zu sehen ist:

Was lernt der Übende? Verbesserung der Spieltechnik: Spin.

Spielbar: Diese Übung ist etwas schwieriger als das Spiel gegen den hochgeklappten Tisch. Erklärt man den Kindern die Übung und begleitet sie fünf Minuten, bestehen aber meist auch für Anfänger keine Probleme. Als Vorübung bietet sich auch das Spiel gegen die Wand an. Am Anfang spielen die Kinder möglichst alle Bälle irgendwie gegen den hochgeklappten Tisch zurück, auch wenn diese unter Umständen zweimal auf dem Tisch oder dem Boden aufgetickt sind.

Variation: Der Ball wird so gespielt, dass er von der hochgeklappten Tischhälfte über die andere Hälfte hinaus fliegt und direkt auf dem Boden aufkommt (gut für das Erlernen von Abwehrschlägen und von Topspin gegen Unterschnitt, da auf eigenen Überschnitt der Ball mit Unterschnitt zurückkommt und umgekehrt).

Hinweis zum Spiel gegen den hochgeklappten Tisch und zum Spiel Boden-Tisch: Nach einiger Zeit spielen die Schüler diese beiden Übung sehr sicher und völlig entspannt. Sie sollte aber nicht zu oft und nicht zu lange gespielt werden; Spieler, die keine Lust dazu haben oder bei denen die aufgelisteten Probleme von Anfang an nicht gegeben sind, brauchen diese Übung gar nicht zu spielen.

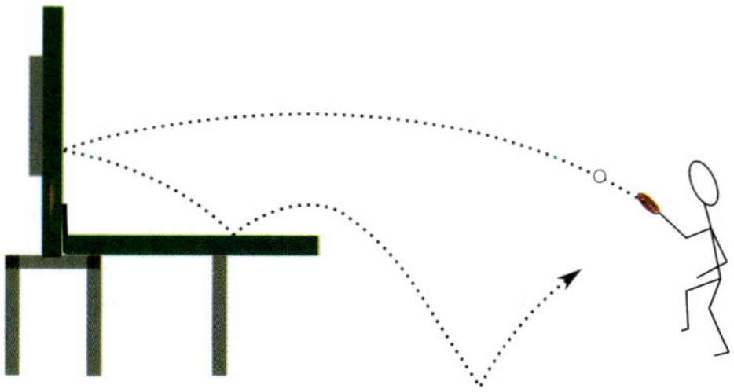

Abbildung 30: Boden – hochgeklappter Tisch

5. ALT Abspringen des Balles zuerst auf Tisch und dann auf Boden (am normalen Tisch)

Beschreibung: Der Übende spielt den ersten eingespielten Ball normal zurück. Anschließend bewegt er sich vom Tisch zurück und lässt die nächsten Bälle erst auf seiner Tischhälfte und anschließend auf dem Boden auftickken. Dann spielt der Übende den Ball mit hoher Flugbahn und Spin zurück (der Spielpartner spielt den Ball direkt nach dem Abspringen auf der eigenen Tischhälfte, er spielt die Bälle möglichst halblang ein).

Was lernt der Übende? Größere Schlagbewegung, mehr Spin, hohe Flugbahn.

Spielbar: Am Anfang möglichst mit Zuspieler.

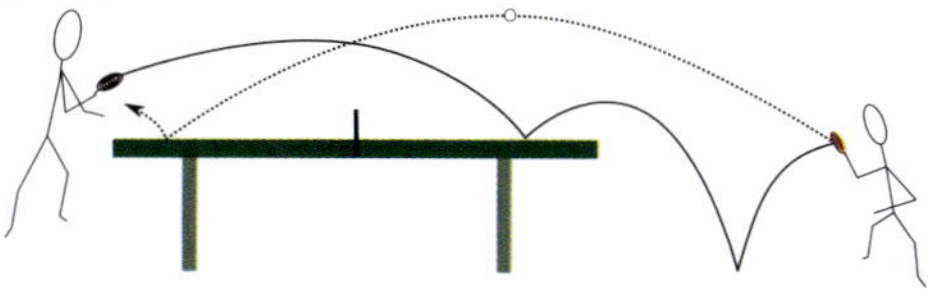

Abbildung 31: Tisch – Boden

6. ALT Übungen über erhöhte Netze:

Beschreibung der Übung: Das Netz wird bis zum Anschlagpunkt höher gestellt. Bei dieser Übung soll möglichst oft VHT gespielt werden, der Ball wird auf dem höchsten Punkt getroffen.

Was lernt der Übende? Der Spieler spielt weniger Tempo, eine höhere Flugbahn und mehr Spin.

Spielbar: Diese Übung ist bereits in den ersten Trainingswochen spielbar; günstig ist es, wenn sie zunächst im Einzeltraining eingesetzt wird.

7. ALT Grabentisch

Beschreibung: Zwischen den beiden Tischhälften ist ein Abstand von etwa einem Meter. Dieser „Graben“ ersetzt das Netz. Die Kinder lassen den Ball auf ihrer Tischhälfte abspringen und spielen ihn ein. Der Ball soll während der Ballwechsel spätestens auf dem höchsten Punkt der Flugbahn getroffen werden.

Was lernt der Übende? Sehr gute Trainingsform, falls am normalen Tisch halbhohe Bälle zu sehr nach unten gespielt werden, mehr Zeit für die Schläge, ruhigere Bewegung, Schläger bleibt oben, es wird ausschließlich hohe Flugbahn und Spin gespielt, hauptsächlich mit der Vorhand. Beinarbeit wird erzwungen. Es kommen längere Ballwechsel zustande. Das Spiel aus der Halbdistanz und der Gegentopspin werden erlernt.

Spielbar: Von Anfang an, auch untereinander ohne Trainer.

Variation: Wettkampf (auch für Fortgeschrittene).

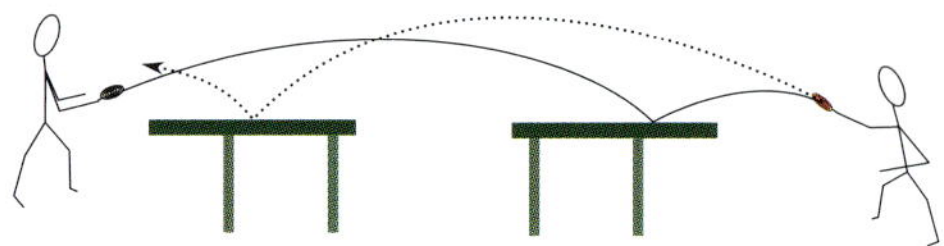

Abbildung 32: Grabentisch

8. ALT Grabentisch über zwei quer gestellte Tische (für Fortgeschrittene)

Beschreibung: Zwei Tische ohne Netz stehen quer zueinander. Zwischen den Tischen besteht ein Graben von ein bis zwei Metern, der das Netz ersetzt.

Was lernt der Übende? Wegen fehlender körperlicher und technischer Voraussetzungen können Anfänger nur wenig Power-Topspins spielen und verausgaben sich insgesamt am Tischtennistisch zu wenig. Bei dieser Spielform müssen viel Tempo und Spin erzeugt werden, damit der Ball überhaupt auf dem Tisch des Partners ankommt. Wegen der Breite des eigenen Tisches ist viel mehr Beinarbeit erforderlich. Das entspricht in etwa der Laufarbeit, die von Spitzenspielern bei etwas tischfernerem Spiel geleistet werden muss.

Spielbar: Für kleine Spieler ist das Spielfeld etwas zu groß, sie trainieren besser am normalen Grabentisch. Außerdem sind ausreichend Tische und eine große Halle erforderlich.

Variation: Wettkampf.

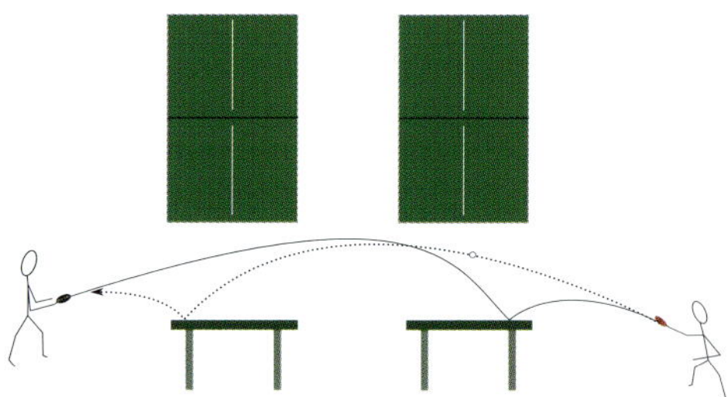

Abbildung 33: Großer Grabentisch

9. ALT Vier Tische mit Banden statt Netzen:

Beschreibung: Vier Tische werden aneinandergeschoben. Als Netz dienen zwei Banden. Die Spieler, die auf der anderen Seite den Ball spielen, sind unsichtbar.

Was lernt der Übende? Das Spielfeld ist größer, die Spieler müssen sich viel bewegen; da sie den ankommenden Ball erst spät sehen können, müssen sie sich schnell orientieren und rechtzeitig reagieren. Das erhöhte Netz und der lange Ballweg erzwingen Spin, Tempo und eine hohe Flugbahn, es entstehen lange Ballwechsel und der ganze Körper spielt mit.

Spielbar: Für kleine Spieler bieten sich aufgrund des großen Spielfeldes Rundläufe oder Doppel an (beim Doppel darf wie beim Tennis der Spieler mehrmals den Ball hintereinander spielen). Wenn die Spieler noch nicht über ausreichend Kraft für den langen Ballweg verfügen, bieten sich als Vorübungen Tennis über die Bande oder Grabentisch an.

Variation: Rundlauf. Doppel. Für Fortgeschrittene: Wettkämpfe.

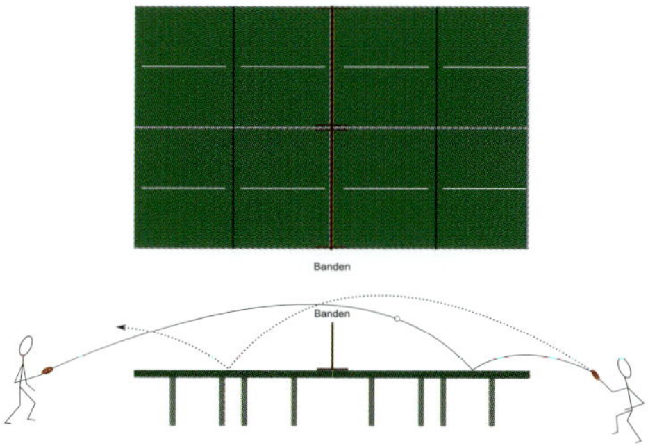

Abbildung 34: Vier Tische mit Banden

10. ALT Tennis mit Tischtennis-Material über Banden

Beschreibung: Banden werden als Ersatz für das Tennis-Netz auf dem Hallenboden aufgestellt, evtl. dienen Markierungen auf dem Hallenboden als Spielfeldmarkierung (alternativ am Anfang einfach Ball im Spiel halten); als alternative Spielform ist hier auch Ping-Pong über die Bande möglich.

Was lernt der Übende? Der Balltreffpunkt ist tiefer und etwa so wie beim Erwachsenen, es wird mehr mit Spin und Tempo gespielt. Viel Beinarbeit ist erforderlich, der ganze Körper spielt mit. Schlagbewegungen entwickeln sich günstig, die Kinder können sich richtig austoben.

Spielbar: Diese Übung ist gleich beim ersten Training ohne Zuspieler spielbar.

Variation: Wettkampf, Doppel, Rundlauf, Ping-Pong über die Bande.

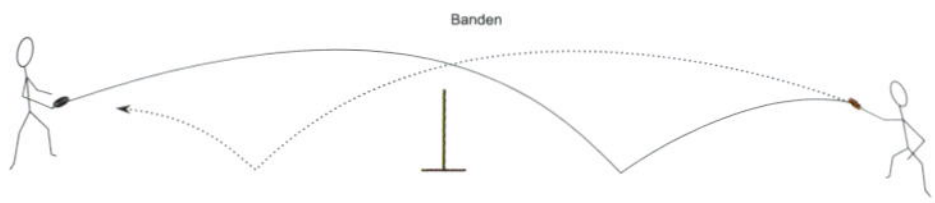

Abbildung 35: Tennis

11. ALT Beschränkung der Trefferfläche durch Abdecken von Teilen des Tisches

Beschreibung: Teile des Tischs werden mit weichen Materialen abgedeckt (z. B. Handtuch), sodass der Ball an diesen Stellen nicht abspringt.

Was lernt der Übende? Wird auf der Seite des Trainers die VH abgedeckt, lernt der Anfänger das parallele Spiel mit der eigenen VH. Werden auf der Seite des Trainers die netznahe Zone und die Mittelzone abgedeckt, lernt der Anfänger, die Bälle lang zu spielen.

Spielbar: Einige Kinder werden diese Übung anfangs besser mit Zuspieler spielen. Aufschlagübungen auch alleine.

Variation: Es sind verschiedene Abdeckungen möglich. Es gibt vielfältige Möglichkeiten für die richtige Platzierung der Aufschläge, ganz spezielle Zielzonen zu markieren (Spieler übt alleine).

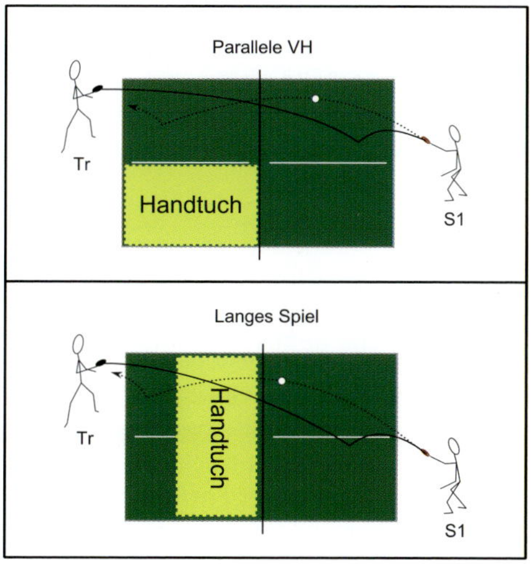

Abbildung 36: Abgedeckte Flächen

12. ALT Treffen von Zielen auf dem Tisch

Beschreibung: Es werden drei Sechser-Schachteln von TT-Bällen (natürlich gehen auch Dreier-Schachteln) am Tischende platziert, in RH, VH und auf dem Ellenbogen/Entscheidungspunkt. Sie sollen mit schnellen Aufschlägen heruntergeschossen werden. Wer braucht die wenigsten Versuche? Hier kann die Anzahl der zur Verfügung stehenden Bälle begrenzt werden, z. B. auf zehn.

Was lernt der Übende? Lange schnelle Aufschläge.

Spielbar: Erst wenn die Kinder bereits die Grundlagen eines regelkonformen Aufschlags beherrschen.

Hinweis: Diese Übung kann auch alleine gespielt werden.

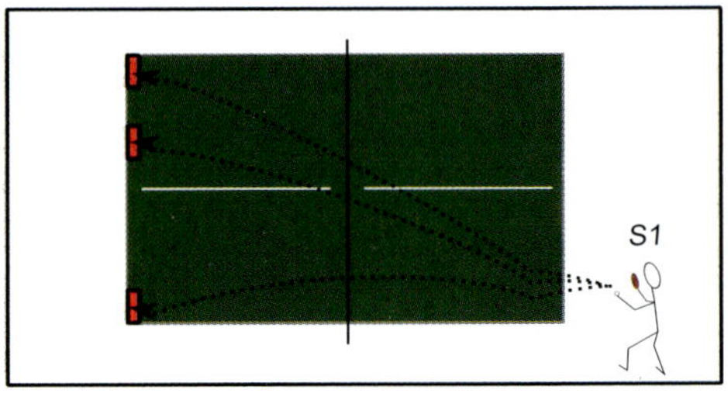

Abbildung 37: Ziele

6.3.1.2 Spielmaterial

13. ALT Andere Bälle

Beschreibung: Jumbo-Bälle, bunte Bälle (einfarbig, mehrfarbig), etwas kaputte Bälle.

Was lernt der Übende? Bei Jumbo-Bällen muss der Ball mit mehr Spin gespielt werden, damit der Ball überhaupt übers Netz geht. Der Ball ist langsamer, die Kinder haben mehr Zeit, sich auf ihren Schlag vorzubereiten. Der Ballkontakt ist länger.

Gelbe und weiße Bälle gemischt bieten sich für das Multifokussieren an. Beim Balleimertraining muss z. B. jeder weiße Ball parallel und jeder gelbe Ball diagonal gespielt werden.

Mehrfarbige Bälle machen die Rotation eines gespielten Balles sichtbar. Sie eignen sich daher für das Üben von Aufschlägen und Rückschlägen und für das Spiel gegen Abwehr mit Unterschnitt. Zu diesem Zweck können auch normale Trainingsbälle bemalt werden.

Beim Spiel mit den etwas kaputten Bällen müssen die Kinder aufgrund des ungewöhnlichen Ballabsprungs sehr schnell reagieren.

Spielbar: Jumbo-Bälle eignen sich vor allem für das erste Training am Tisch, bunte Bälle können beim Balleimertraining eingesetzt werden oder bei kleinen Wettkämpfen: Nach dem ersten Fehler wird mit einem gelben Ball weiter gespielt, damit ein Sieger ermittelt werden kann.

14. ALT Anderes Schlägermaterial

Beschreibung: Die Spieler spielen teilweise mit Noppe außen, Brettchen oder sehr griffigen, dünnen Abwehrbelägen. Eine weitere Alternative ist, den Schläger nur auf einer Seite zu belegen oder nur mit dem Schlägerholz zu spielen.

Was lernt der Übende? Beim Spiel gegen Abwehr oder Material werden vor allem Anpassung und Umstellung geschult. Zwischendurch selbst Abwehr/Material zu spielen, erleichtert spätere Wettkämpfe gegen solche Spieler enorm. Abwehrspielen schult auch die Orientierung, da man in ungewohnter Entfernung zum Tisch steht. Das Spiel gegen Abwehr eignet sich auch zum Erlernen der Spieleröffnung (siehe Kapitel Abwehr und Material).

Einseitig beklebte Schläger können Spieler, die mit der RH in die Tischmitte gehen, dazu zwingen, verstärkt VH einzusetzen. Das Spiel nur mit dem Schlägerholz (ohne Beläge) ist eine gute taktil-kinästhetische Übung, weil beim Spielen des Balles eine bessere Rückmeldung in die Hand erfolgt.

Spielbar: Bevor die Spieler Material oder Abwehr spielen, sollten sie bereits eine gute Spielfähigkeit erreicht haben, da ansonsten keine Ballwechsel entstehen. Fortgeschrittenen Spielern macht es Spaß, zwischendurch selbst Material oder Abwehr zu spielen.

6.3.1.3 Spielform/Zählweise

15. ALT Doppel

Doppel: Beim Doppel müssen die Partner den Ball immer abwechselnd spielen. Die Aufschläge müssen von der eigenen rechten Tischhälfte diagonal in die linke gegnerische Seite serviert werden. Wer Rückschläger war, ist als nächstes Aufschläger.

Was lernen die Übenden? Anpassung/Umstellung, Orientierung und Beinarbeit sind besonders gefordert. Punktgewinne werden oftmals durch eine differenzierte Spielweise erzwungen (kurz-kurz, Gegner ausspielen).

16. ALT Rundlauf

Beschreibung: Fünf bis acht Spieler können an einem Tisch mitspielen. Nachdem ein Spieler einen Ball gespielt hat, läuft er zur anderen Tischhälfte und spielt dort einen Ball. Günstig ist es, wenn die Spieler nicht ausscheiden, sondern stattdessen ihre Fehler mitzählen. So bleibt jeder in Bewegung. Beim Rundlauf mit Trainerzuspiel spielt der Trainer die Bälle zu, die Kinder laufen nach dem eigenen Schlag einmal um den ganzen Tisch (siehe auch: 5.6 „Einzeltraining“). Variation: Alle Bälle werden kurz gespielt.

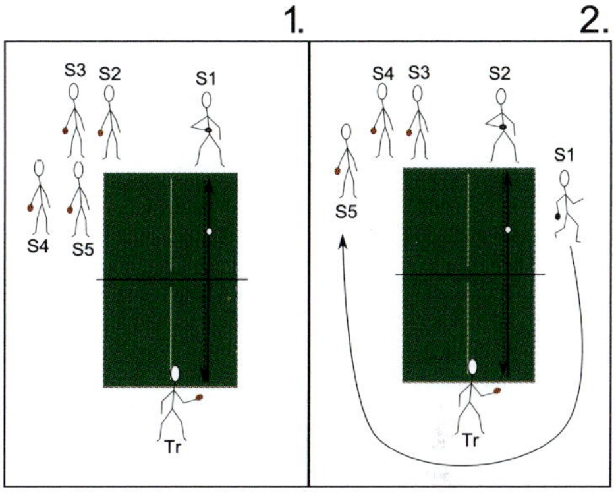

Abbildung 38: Rundläufe

17. ALT Kaisertisch

Beschreibung: Beim Kaisertisch endet ein Spiel nicht bei einer bestimmten Punktzahl, sondern nach einer bestimmten Zeit (z. B. 2 min). Mindestens fünf Tische stehen in einer Reihe (Grenze nach oben offen). Wer führt, wenn der Trainer eine Runde abpfeift, wandert einen Tisch nach oben, wer zurückliegt einen nach unten. Alternativ kann auch die Paarung, in der ein Spieler als erstes elf Punkte erzielt hat, die Runde beenden. Der erste Tisch in der Reihe ist der Kaisertisch. Günstig ist es, wenn man für die spielschwächeren Kinder am letzten Tisch einen Zuspieler einsetzt. Das Kaisertisch-Spiel lässt sich gut mit verschiedenen alternativen Spielformen koppeln.

18. ALT Neuner-Übungen

Beschreibung: Hier werden pro Satz neun Punkte ausgespielt, ohne dass der Aufschlag wechselt, es gibt keine Verlängerung. Diese Zählform eignet sich besonders gut für Aufschlag-Rückschlag-Übungen, bei Fortgeschrittenen zum Üben der Spieleröffnung (Angriff auf den dritten Ball).

19. ALT Spiel mit zwei Bällen gleichzeitig

Beschreibung: Jeder Spieler hat einen Ball, beide Spieler lassen gleichzeitig den Ball auf dem Tisch abspringen und spielen ihn dem Mitspieler zu.

Was lernt der Übende? Multifokussieren, Spiel mit viel Gefühl und Kontrolle.

Spielbar: Erst wenn die Spieler über grundlegende Spielfähigkeiten verfügen.

Variation: Wettkampf: Welcher Tisch hält die Bälle am längsten im Spiel? Nach dem ersten Fehler wird normal weiter gespielt, bis ein Tisch als Sieger ermittelt ist.

20. ALT Schräg/parallel übers Netz

Beschreibung: Die Übenden stehen auf gegenüberliegenden Tischseiten seitlich neben dem Tisch und spielen sich den Ball schräg zu. Anschließend wechseln sie auf ihrer Seite jeweils zur anderen Tischhälfte (damit sie einmal VH und einmal RH spielen).

Was lernt der Übende? Gute Vorbereitung für das Kurz-Kurz-Spiel und das Erlernen des Schupfens. Taktile Sensibilisierung.

Spielbar: Von Anfang an.

Variation: Zwei Spieler stehen nahe dem Netz auf ihrer Spielseite neben dem Tisch und spielen VH- oder RH-Schupf parallel (etwas einfacher). Anschließend wechseln sie die Position mit ihrem Spielpartner, damit sie sowohl VH wie auch RH spielen.

Hinweise: Bei dieser Übung können vier Spieler gleichzeitig an einem Tisch trainieren, was bei großen Trainingsgruppen günstig ist.

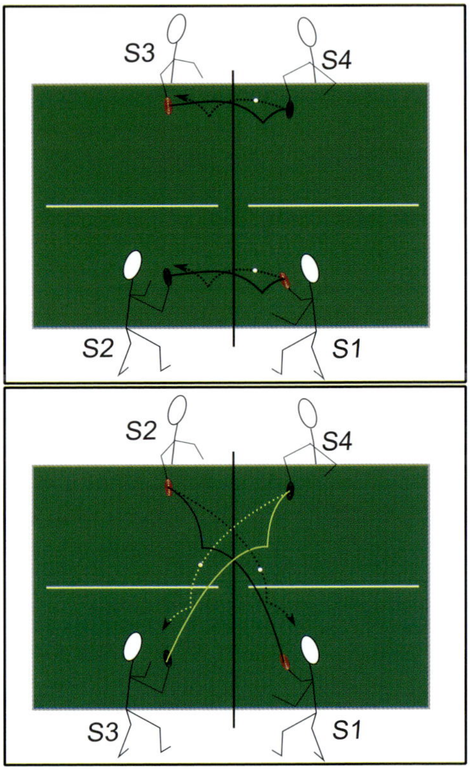

Abbildung 39: Am Netz

21. ALT Am Netz stehend allein

Beschreibung: Vor dem Netzpfosten stehen, den Ball möglichst kurz über das Netz hin und her spielen. Dabei muss natürlich immer von VH auf RH und von RH auf VH gewechselt werden.

Was lernt der Übende? Wegen des kurzen Weges muss der Übende trotz langsamer Bewegungen schnell reagieren; sobald der Ball unpräzise gespielt wird, ist der nächste Ball nicht mehr kontrollierbar.

Spielbar: Schwierige Übung, aber dadurch viel Lernzuwachs.

Variation: Die Rotationsübungen, die am Tisch alleine gespielt werden können, sind in Phase 2 unter dem Punkt Rotationsübungen beschrieben.

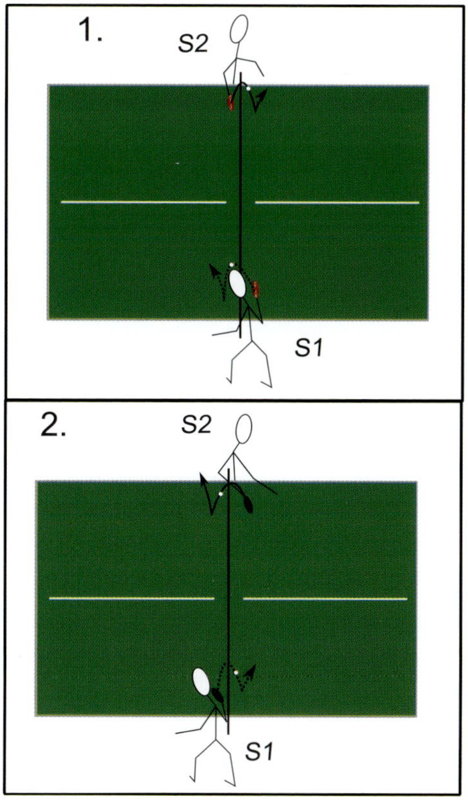

Abbildung 40: Am Netz allein

22. ALT Den Ball rollend dem Partner mit völlig geschlossenem Schlägerblatt und sehr langem Ballkontakt quer über eine Tischhälfte zuspielen.

Beschreibung: Der Ball darf nicht hüpfen; das geht nur, wenn der Ball sehr vorsichtig oben gespielt wird. Dabei oft zwischen VH und RH wechseln.

Was lernt der Übende? Tangentiales Balltreffen, Wechsel zwischen VH und RH; Lockerheit des Handgelenks.

Spielbar: Von Anfang an.

Variation: Die Übung geht auch ohne Partner, dann bleibt der Schläger ständig in Kontakt mit dem Ball. (Ball rollend hin und her spielen quer über eine Tischhälfte, mit völlig geschlossenem Schlägerblatt, dabei oft von VH auf RH wechseln.)

Hinweis: Ein praktischer Vorteil bei zu wenig Tischen ist, dass 2 x 2 Spieler an einem Tisch gleichzeitig üben können.

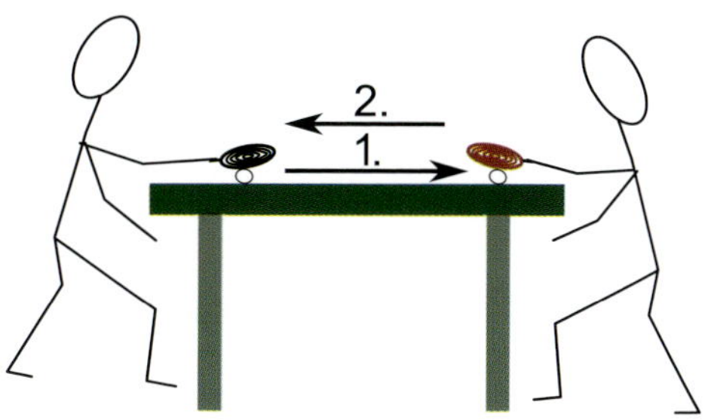

Abbildung 41: Ball rollen

23. ALT Ping-Pong

Beschreibung: Der Ball wird wie beim Aufschlag auch im normalen Spiel zuerst auf die eigene Tischhälfte gespielt, bevor er auf der gegnerischen Hälfte abspringt.

Was lernt der Übende? Lockerheit vor allem des Handgelenks und des Ellbogens, zentrales Balltreffen, Vereinfachung der Spieltechnik, erzwungene Beinarbeit, Schlägergriff locker in der Hand, Schläger bleibt oben, Vorübung für Aufschläge, als Rundlauf oder als Einlage beim Kaisertisch spielbar, besonders das Erlernen von RH wird durch Ping-Pong erleichtert, RH wird ebenfalls vor dem Körper und hauptsächlich mit Unterarm/Handgelenk gespielt; auch der Wechsel zwischen VH und RH ist einfacher zu lernen.

Spielbar: Von Anfang an. Haben Kinder Probleme beim Ping-Pong spielen, können sie zunächst mit einem Zuspieler trainieren.

Variationen: Wettkampf, falsche Hand.

Hinweis: Das Erlernen des Ping-Pong-Spiels geht leichter, wenn die Bälle nur halblang gespielt werden, dann kann gut seitliche Beinarbeit geübt werden. Bei langen Bällen Vor-Zurück-Beinarbeit. Das Zurückspielen langer Bälle ist beim Ping-Pong erschwert, weil der Ball auch bei Vorhand vor dem Körper getroffen werden muss und weil es schwierig ist, den Ball hinter dem Tisch zuerst auf die eigene Tischhälfte zu spielen.

Eine gute Übungsform für das Erlernen des VH/RH-Wechsels ist die „Ping-Pong-Mühle“. Ein Spieler spielt immer parallel, der Spielpartner immer diagonal. Hierdurch muss immer zwischen VH und RH gewechselt werden, was ein sehr gutes Training für die richtige Schlägerhaltung ist. Alternativ kann auch über die TM gespielt werden: Beide Spieler wechseln dabei permanent zwischen VH und RH.

Das Spiel über die TM ist anfangs einfacher als die Mühle.

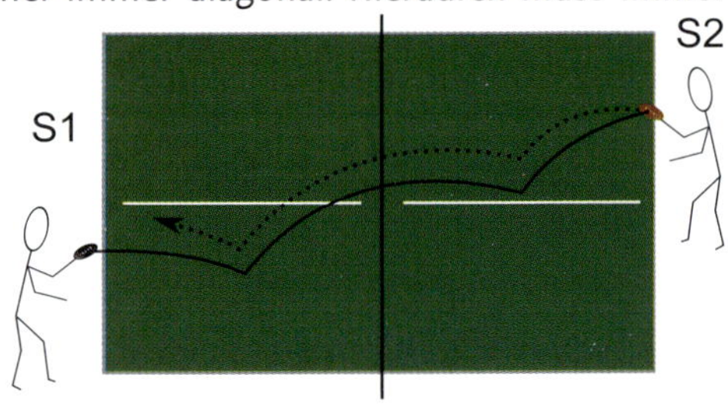

Abbildung 42: Ping-Pong

24. ALT Penholder

Beschreibung: Der Schläger wird nicht mit der Shakehandschlägerhaltung gegriffen. Daumen und Zeigefinger umklammern das Schlägerholz und liegen auf dem VH-Belag auf, die anderen Finger sind auf der RH-Seite.

Was lernt der Übende? Korrektur der VH-Schlagbewegung; VH wird mehr eingesetzt, mehr Beinarbeit erforderlich: mehr verschiedene Trainingsmöglichkeiten in der Trainingsgruppe, falls sich Spieler auf Penholder spezialisieren; gute Übungsmöglichkeit zur Verbesserung der Rotationsaufschläge.

Spielbar: Die Übenden sollten bereits über Spielfähigkeit verfügen.

Variation: Wettkampf.

Hinweis: In Asien sind etwa 50 Prozent aller Spieler Penholderspieler, auch in der Weltklasse. In TT-Shops gibt es preiswert spezielle Penholderhölzer, für Trainingszwecke eine lohnende Anschaffung.

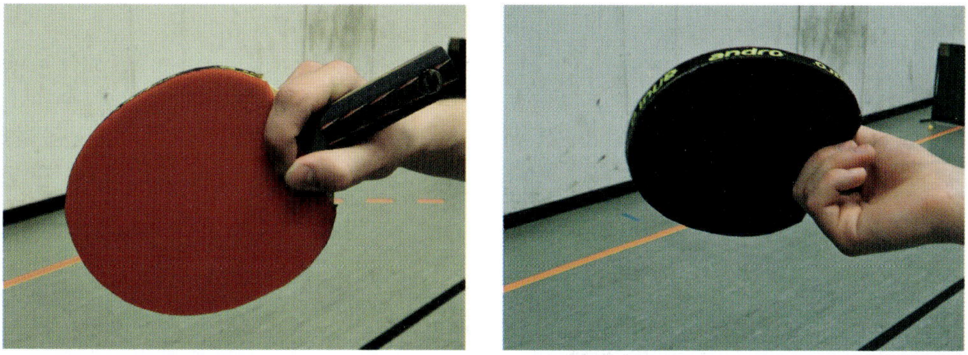

Abbildung 43: Penholder

25. ALT Falsche Hand

Beschreibung: Jeder Spieler spielt mit seiner falschen Hand.

Was lernt der Übende? Beidseitiges Lernen, Anpassung, Umstellung.

Spielbar: Sollte erst gespielt werden, wenn die Spielfähigkeit bereits fortgeschritten ist.

Variation: Wettkampf, Ping-Pong.

6.3.1.4 Wettkampfformen

- » Ping-Pong: Welcher Tisch hält den Ball am längsten im Spiel? Nach dem ersten Fehler wird normal weitergespielt. Dann kann man sehen, welcher Tisch gewinnt.
- » Spiel mit zwei Bällen gleichzeitig: Welcher Tisch kann beide Bälle am längsten im Spiel zu halten? Nach Fehlern wird wieder ganz normal weitergespielt, bis der Sieger ermittelt ist.
- » Aufschlagtraining: Es werden drei Sechser-Schachteln von TT-Bällen (natürlich gehen auch Dreier-Schachteln) am Tischende platziert, in RH, VH und auf dem Ellenbogen/Entscheidungspunkt. Sie sollen mit schnellen Aufschlägen heruntergeschossen werden. Wer braucht die wenigsten Versuche? Hier kann die Anzahl der zur Verfügung stehenden Bälle begrenzt werden, z. B. auf zehn.
- » Im Doppel den Ball kurz-kurz im Spiel halten: Nach dem ersten Fehler ebenfalls die Farbe des Balles wechseln.
- » Mehrere Rundlauf-Tische: Welcher Tisch hält den Ball am längsten im Spiel? Nach dem ersten Fehler Farbe des Balles wechseln; wer als letzter einen weißen Ball hat, hat gewonnen.
- » Kaisertisch mit alternativen Spielformen: Grundsätzlich lassen sich die alternativen Spielformen (z. B. Ping-Pong, falsche Hand, Penholder, auf einem Bein) zwischendurch ansagen und gelten dann für alle Tische. Es ist aber auch möglich, dass nur auf bestimmten Tischen Materialschläger liegen oder dass an einigen Tischen Zettel befestigt sind, auf denen eine bestimmte alternative Spielform vorgeschrieben wird.
- » Neuner-Übungen

6.3.2 Das Erlernen der Spin-Rückhand

Das gesamte Training ist so angelegt, dass von Anfang an beidseitig mit Spin gespielt wird. Bei einigen Spielern klappt das auf der RH-Seite nicht, sodass besondere Übungen erforderlich sind, die im Folgenden vorgestellt werden.

Spielfeldänderung: Spiel Tisch-Boden: Für das Erlernen der Spin-RH ist der Grabentisch ungünstig, weil dabei der Balltreffpunkt für RH zu hoch liegt. Hier bietet sich an, am normalen Tisch den Ball erst zu spielen, wenn er auf dem Tisch und dann ein zweites Mal auf dem Boden aufgesprungen ist. Dann ist der Balltreffpunkt günstig für eine Spin-RH. Außerdem erfordert der weitere Weg bis zum Netz, dass der Schlag mit einer größeren und in der Endphase schnelleren Bewegung ausgeführt wird; mit ihrer RH agieren Anfänger meist zu zaghaft. Bei dieser Übung wird der Ball zunächst auf VH eingespielt; wenn das einigermaßen klappt, wird auf RH gewechselt, aber niemals mehr als drei Bälle hintereinander auf RH spielen. Wichtig ist, dass nur ein Spieler den Ball auf dem Boden aufspringen lässt, sonst sind die Pausen zwischen den Schlägen zu groß. Der Zuspieler legt den Ball vorsichtig zurück, sobald er auf seinem Tisch aufgesprungen ist.

Trainingsformen am Tisch:

» Eine weitere Möglichkeit, die Spin-RH zu üben, besteht darin, dass der lernende Spieler nach seinem ersten normal zurückgespielten Ball etwa einen Meter vom Tisch geschickt wird und der Trainer dann ein paar Bälle lang auf die RH spielt. Der Spieler muss eine höhere Flugbahn spielen, damit der Ball in der gegnerischen Hälfte ankommt, wodurch in den meisten Fällen auch mit mehr Spin gespielt wird. Das ist günstig, weil Anfänger mit der RH oft zu zaghaft agieren. Auch hier sollte spätestens nach drei Bällen auf VH gewechselt werden (wie immer bei RH!).

» Falls Probleme beim ersten Erlernen der RH bestehen, kann das Kind seinen Schläger vor dem Körper auf der RH-Seite der eigenen Tischhälfte aufkanten, sich nach vorne beugen und den Ball mit der freien Hand 20 cm vor dem aufgekanteten Schläger aus etwa 20 cm Höhe auf dem Tisch abspringen lassen und spielen. Der Ball geht meistens gut über das Netz, weil der Weg zum Netz erheblich verkürzt ist und Körper und Schläger sich in der richtigen Position für das Spielen einer RH über dem Tisch befinden. Wenn der Trainer den Ball kurz auf den Schläger zurückspielt, trifft das Kind oft auch die nächste RH und es entwickeln sich längere Ballwechsel. Es geht auch andersherum: Das Kind hat den Schläger aufgekantet, der Trainer spielt den Ball in der oben beschriebenen Weise zu und das Kind spielt mit RH zurück.

6.3.3 Übungen für das Training ohne Partner

Im Training kommt es oft vor, dass ein Spieler keinen Spielpartner hat. Er kann dann eine der folgenden Übungen spielen. Wichtig ist, dass kein Spieler zu oft oder zu lange allein spielt.

» Aufschläge

» Aufwärmübung am Tisch: Hinter dem Tisch den Ball aus Augenhöhe auf den Boden fallen lassen und mit VH mit möglichst wenig Tempo und hoher Flugbahn auf die andere Tischhälfte spielen, rechtsrum um den Tisch laufen und den Ball nach Aufspringen auf dem Tisch und auf dem Boden mit VH erneut auf den Tisch spielen. Möglichst oft ohne Fehler. Nach Einspiel mit RH andersrum laufen und RH weiterspielen. Das hört sich schwierig an, ist es aber nicht.

» Rotationsübungen (siehe Phase 2)

» Schläger auf Ball, Ball über den Tisch rollen, von VH auf RH wechseln und umgekehrt.

» Vor dem Netzpfosten stehen und den Ball möglichst kurz über das Netz hin und her spielen. Dabei muss natürlich immer von VH auf RH und RH auf VH gewechselt werden.

Tabelle 8: Trainingseffekte und -ziele

	Gegen hochgeklappten Tisch	erhöhtes Netz	Spiel-Boden-Tisch	Spiel-Boden-hochgeklappte TH	Grabentisch	Grabentisch: zwei Tische quer	Spiel über Bande	Minitisch	Pingpong	Jumboball	bunte Bälle	Rundlauf mit Trainerzuspiel	selbst Abwehr spielen	Spiel gegen Abwehr	Spiel gegen die Wand	Penholder	Materialschäger, Brettchen
Lockerheit	•	•	•	•	•	•	•	•	•	•		•	•		•		
Angepasster Bewegungsumfang und Krafteinsatz	•	•	•	•	•	•	•	•	•	•		•	•		•	•	
Koppelung Ausholbewegung/Beinarbeit			•	•	•	•	•					•	•		•		
mehr Beinarbeit	•		•	•	•	•	•					•	•				
Vor-/Zurück-Beinarbeit			•	•			•	•	•								
mehr Körpereinsatz			•	•	•	•	•						•	•			
intensiveres Spiel					•	•	•							•			
erstes Balltreffen am Tisch	•		•	•				•	•			•					
Netz nahes Spiel	•							•	•			•					•
erste Aufschläge erlernen									•		•				•	•	
Abwehrschläge erlernen				•									•		•		•
bessere Nutzung des Raumes	•		•	•	•	•	•						•				
Wechsel VH/RH bzw. RH/VH	•			•				•	•								
RH erlernen	•								•			•					
mehr Spin spielen		•	•	•	•	•	•			•	•			•			
Spin RH erlernen		•	•	•										•	•		

6.3.4 Normales Tischtennistraining am Tisch

Trainingsformen am Tisch

Übungen sind nur sinnvoll, wenn sie mit einer ausreichend großen Intensität und Sicherheit gespielt werden können. Deshalb sollten die im Folgenden beschriebenen Übungen erst gespielt werden, wenn die alternativen Spielformen eingeübt sind. Es gibt Spieler, die ohne festgelegte Übungen gut spielen und im Training lieber Wettkämpfe, Spiel über die Bande und Ähnliches bevorzugen. Diese spielfreudigen Anfänger werden auch ohne vorgegebene Übungen im ersten Jahr gut. Der Trainer kann in solchen Fällen für mehr zielgerichtetes Üben sorgen, wenn er öfter wechselnde Spielformen vorschlägt.

Für die meisten Anfänger ist es schwierig, regelmäßige Übungen mit langen Ballwechseln zu spielen, weil sie ungenau platzieren und oft zu viel oder zu wenig Tempo spielen.

Es bieten sich daher zunächst Übungen an, bei denen nur wenige Bälle festgelegt sind, zum Beispiel der Aufschlag und der Rückschlag oder die ersten drei Bälle. Bei den Übungen sollten dennoch bereits taktische Platzierungsregeln, die in den späteren Wettkämpfen wichtig sind, eingehalten werden, ebenso der richtige Wechsel zwischen VH und RH, beides wegen der Erstkodierung (Automatisierung). Die Spieltechnik – Tempo, Spin, VH-/RH-Griff, in der Bewegung bleiben, Körpereinsatz, Beinarbeit – sollte durch die Übungen weiter entwickelt werden. Oft ist es wegen der unterschiedlichen Spielstärke der Kinder nicht möglich, alle Kinder die gleiche Übung spielen zu lassen, die Übungen sollten den Kindern auch nicht aufgezwungen werden. Bei allen Übungen, bei denen die Spieler unterschiedliche Bälle spielen müssen, wird immer nach fünf bis acht Minuten gewechselt.

Für **Aufschlag-/Rückschlagübungen** bedeutet das, dass die Kinder zunächst lernen, Aufschläge mit unterschiedlichen Platzierungen und Tempi zu spielen und auf solche Aufschläge richtig zu reagieren. Bei diesen Übungen sind nur der Aufschlag und eventuell der Rückschlag festgelegt. Im nächsten Schritt lernen sie, kurze Aufschläge kurz zurückzuspielen, das Kurz-Kurz-Spiel und eine einfache Form des Eröffnungstopspins auf einen lang zurück geschupften Ball.

Sobald die Kinder in der Lage sind, am normalen Tisch zu trainieren, sollten sie lernen, den Ball mit einem regelkonformen Aufschlag einzuspielen.

Platzierungsregeln

Es wurde empirisch ermittelt, dass 70 Prozent der Bälle in der Wettkampfsituation dahin gespielt werden, wo sie herkommen. Bei der Übungsplanung vor einem Training sollte diese Regel berücksichtigt werden und die Übungen sollten dementsprechend gestaltet sein, vor allem, wenn schwierige Schläge erlernt werden sollen. Die Spieler können vor einem Wettkampf darauf eingestellt werden, dass sie zu 70 Prozent die Bälle wieder in die gleiche Seite bekommen. Falls ihre Fehlerquote bei gewissen Schlägen zu hoch sein sollte, können sie sich auch an diese Regel halten und die Bälle dahin spielen, wo sie herkommen.

Bei allen Übungen sollten einige zentrale **Platzierungsregeln** beachtet werden. Die Basis-Regel lautet: Spiele den Ball dahin, wo er herkommt. Diese Regel sollte vor allen Dingen für die Schläge gelten, die für Anfänger sehr schwer zu spielen sind, zum Beispiel die Eröffnung oder die VH aus der RH-Seite. Außerdem ist das Spiel günstiger Winkel sehr wichtig. Ein Spieler sollte niemals so platzieren, dass ihn der Gegner mit dem nächsten Schlag durch eine gute Platzierung ausspielen kann. Das wichtigste Beispiel ist hier die VH aus der RH-Seite (oft RH-Umlaufen genannt). Dabei steht der Spieler links neben dem Tisch. Spielt er aus dieser Position seine VH auf die gegnerische VH-Seite, so kann er auf der VH-Diagonale mit einem Ball in seine weite VH ausgespielt werden. VH aus RH auf der RH-Diagonalen wird häufig auf einen RH-Ball des Gegners gespielt; dann werden beide Grundregeln wirksam. Der Ball wird dahin gespielt, wo er herkommt (mehr Sicherheit) und der Winkel ist günstig. Mit Platzierung auf die RH ist hier nur gemeint, dass auf die RH-Tischhälfte gespielt wird. Das bedeutet nicht, dass dem Gegner immer auf den Schläger gespielt wird. Auch Platzierungen auf den Ellbogen oder in die weite RH sind möglich. Man sollte immer den Gegner beobachten, und falls man früh genug erkennt, dass dieser ebenfalls umlaufen will, einen Ball in die VH auch mit VH aus RH spielen. Überhaupt ist das Beobachten des Gegners eine der wichtigsten Voraussetzungen für jede Platzierung und sollte vom ersten Moment an geübt werden.

Im modernen Tischtennis hat der Spieler, der bei Duellen auf der RH-Diagonalen als erster einen guten VH-Ball spielen kann, meist einen Spiel entscheidenden Vorteil. Bei allen Übungen sollte allerdings beachtet werden, dass bei fortgeschrittener Spielstärke auch Variationen der Platzierungsregeln geübt werden müssen. Was bringt es, den Ball immer dorthin zurückzuspielen, wo er herkommt, wenn sich der Gegner darauf eingestellt hat und nur darauf wartet?

Tabelle 9: Platzierungsregeln VH

Von wo?	Wohin?
VH tischnah aus VH	auf RH (parallel oder auf TM)
VH aus TM	auf eine der beiden Ecken (Gegner beobachten)
VH aus RH-Seite	auf RH-Tischhälfte
VH aus weiter VH	auf VH, am besten weit außen, Side-Spin günstig
VH netznah	Gegner beobachten. Häufig über die VH-Seitenlinie diagonal nach außen.
VHT-„Eröffnung“	dahin, wo der Ball herkommt, damit er drauf geht (Anfänger!), andere Platzierungen rechtzeitig schulen

Wieso soll die tischnahe VH aus der VH-Seite zunächst parallel geübt werden? Dieser Ball wird doch eigentlich häufig diagonal gespielt. Allerdings spricht einiges dafür, parallel anzufangen: Die technische Entwicklung (VH-Griff) ist günstiger; die parallele Platzierung führt häufiger zum direkten Punktgewinn, da der Gegner überrascht ist und ungünstig zum Ball steht. Außerdem kann der Gegner den nächsten Ball dann nicht in die weite VH spielen.

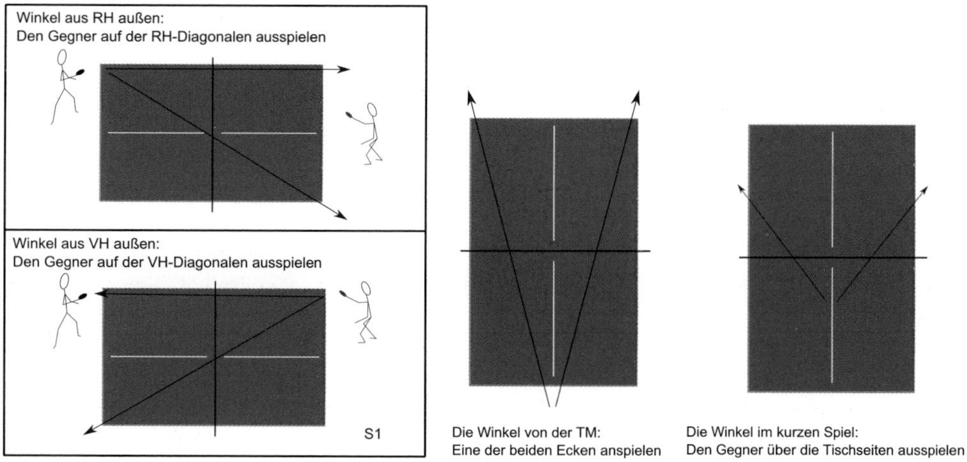

Abbildung 44: Winkel

Tabelle 10: Platzierungsregeln RH

Von wo?	Wohin?
RH tischnah aus RH	auf RH oder Ellbogen
RH netznah auf zu hoch gespielte Bälle (RH-Schuss)	auf VH
RH-Schupf netznah	kurz auf VH oder auf RH über die Seite, möglichst weit nach außen oder lang auf E-Punkt
RH netznah (Angriffsball)	Gegner beobachten und entsprechend platzieren
RHT-Eröffnung	auf RH (da ist der Tisch auch länger): Der Schupfball kommt meist aus der RH-Seite (sonst wird besser mit VH aus RH eröffnet, günstiger Winkel zum Umlaufen).

Übungen

Es ist nicht sinnvoll, den Anfängern eine Stelle auf der RH-Tischhälfte zu zeigen oder gar zu markieren, von der an RH gespielt werden soll. Ob VH oder RH gespielt wird, hängt immer auch von dem Ball ab, der vorher gespielt wurde (also von der Position am Tisch), von den PTRF-Eigenschaften des zu spielenden Balles, von den Fähigkeiten des jeweiligen Spielers und seinem Spielsystem (VH-/RH-Dominanz, Material, Abwehr) und von der Spielweise des Gegners.

Es gilt in etwa Folgendes:

- Auf hohe Bälle wird VH gespielt.
- Nach einem eigenen RH-Ball wird mit VH weiter gespielt, wenn der nächste Ball des Gegners mehr in Richtung Tischmitte gespielt wird.
- Gegen Abwehr/Schupf werden alle Bälle, die günstig liegen, mit VH angegriffen.

Die Anfänger sollten zunächst auf VH-Dominanz trainiert haben und die folgenden Wechsel einüben:

Tabelle 11: Platzierungübungen

1. Ball	2. Ball	Besondere Merkmale
VH außen	VH TM	
RH	VH-TM	
VH-TM	RH	
VH rechts von TM	VH links von TM	
RH außen	VH aus RH	„Falkenberg“-Übung
VH aus RH	VH aus VH	
RH außen	VH außen	weiter Wechsel
VH außen	RH außen	weiter Wechsel

Offenes Spiel

Bei den folgenden Übungen werden die Platzierungsregeln angewendet und die sieben Wechsel aus der Tabelle eingeübt, wobei die beiden letzten mit den weiten Wechseln in den Übungen 27, 29 und 33 von den Anfängern noch nicht gespielt werden sollten.

26. O/W Wechsel zwischen VH außen und VH-TM, alles auf RH (parallel):

Tabelle 12

1 – VH aus VH 2 – VH aus TM ---- 1 – VH aus VH	alles auf RH

Zuspieler: RH oder VH

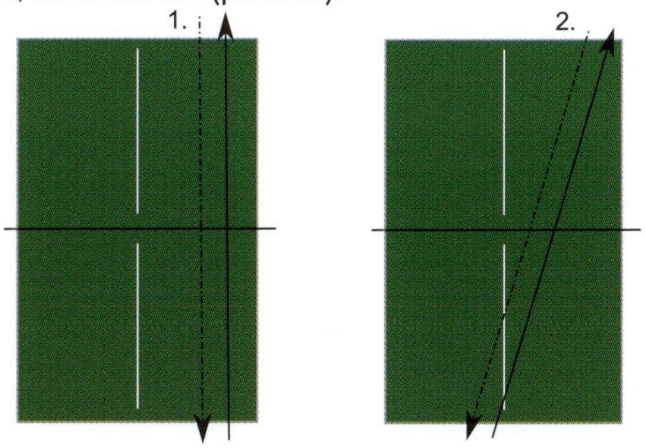

Abbildung 45: VH-außen und VH-TM

Diese Übung kann auch unregelmäßig gespielt werden, was bei Anfängern normal ist, weil die Platzierungen noch ziemlich ungenau sind. Dann spielt ein Spieler nur VH (möglichst druckvoll, aber niemals ballern), der Zuspieler spielt die Bälle mit RH oder VH auf die VH-Seite zurück; wenn der VH-Spieler einen Ball nur schwer mit der VH erreichen kann, darf er auch mal eine RH spielen. Dies ist die wichtigste Einspielübung, nicht VH auf VH diagonal. Durch das ewige VH diagonal spielen wird zu wenig Spin gespielt, die Kinder bewegen sich zu wenig und spielen die VH später auch im Wettkampf fast immer auf die gleiche Stelle. Anfänger gewöhnen sich an, bei VH diagonal das Handgelenk nach innen abzuknicken oder spielen eine Scheibenwischer VH (Schlagbewegung parallel zum Tischende). Die Bälle gehen am Anfang meistens drauf und sind sogar schwer zu returnieren. Probleme entstehen erst, wenn die stärkeren Gegner kommen, und zwar beim Rückschlag, der Spieleröffnung und bei VHT auf Unterschnitt. Dann sind Korrekturen schwierig.

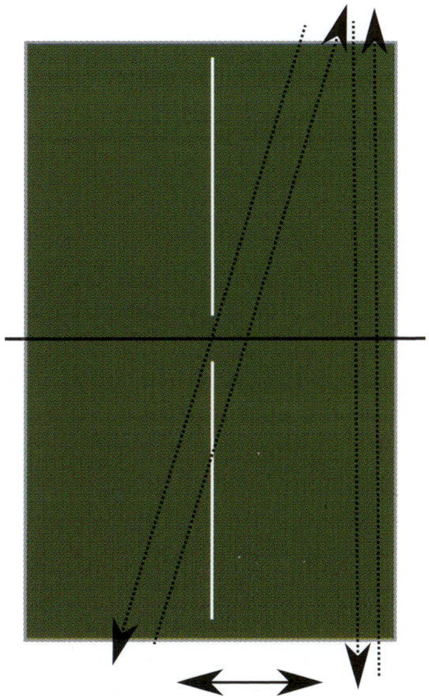

Abbildung 46: Unregelmäßig

Außerdem kommen beim Einspielen auf der VH-Diagonalen bei Anfängern oft keine langen Ballwechsel zustande, weil die Bälle zu weit außen platziert werden und dadurch schwierig zu erreichen sind.

27. O/W Für fortgeschrittene Spieler wird Übung 1 als regelmäßige Übung um einen Ball erweitert (weiter Wechsel von VH auf RH).

Tabelle 13

1 – VH aus VH 2 – VH aus TM 3 – VH aus VH 4 – RH! ---- 1 – VH aus VH	alles auf RH

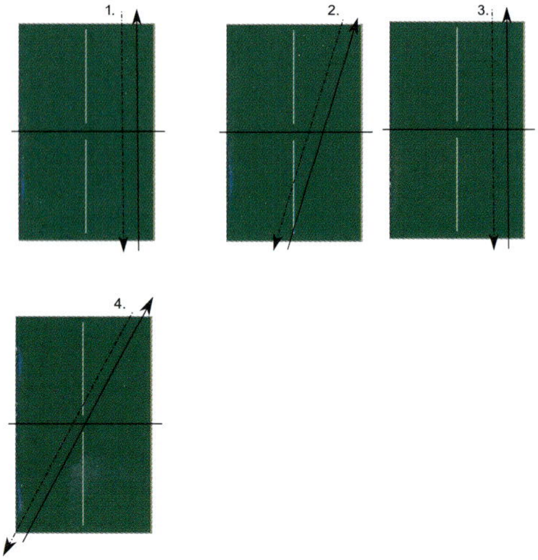

Abbildung 47: 27 O/W

28. O/W Wechsel zwischen RH und VH

Tabelle 14

1 – RH 2 – VH aus TM ---- 1 – RH	alles auf RH

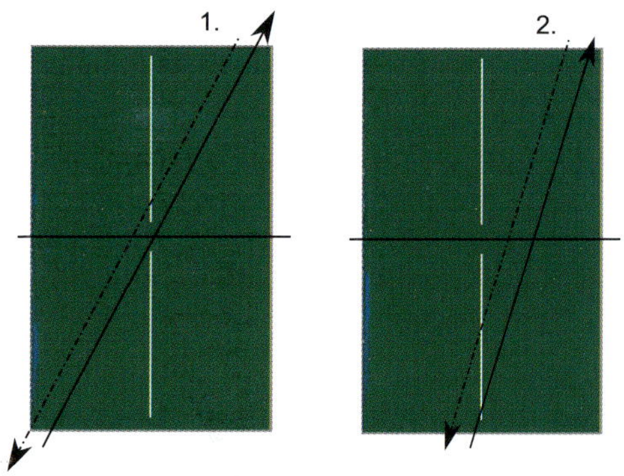

Abbildung 48: 28 O/W

Der Zuspieler spielt RH oder VH. Er soll bei allen Bällen, die mehr in Richtung TM platziert sind, und auch bei zu hohen Bällen bzw. bei Bällen mit zu wenig Tempo möglichst auf VH wechseln. Für Anfängerübungen gilt aber, dass diese Vorschriften nicht zu eng gesehen werden sollten. Wichtiger ist, dass die Kinder einigermaßen druckvoll spielen und Spaß dabei haben.

Diese Übung ist zum Einspielen geeigneter als das ständige RH-Kontern auf der Diagonalen, da die Kinder gleich lernen, auf alle Bälle auf der TM mit VH zu antworten. Außerdem ist auch für die Entwicklung einer guten RH-Technik das ausschließliche RH-Spielen auf der Diagonalen ungünstig.

29. O/W Für fortgeschrittene Spieler wird auch diese Übung um einen Ball erweitert (weiter Wechsel von RH auf VH).

Tabelle 15

1 – RH 2 – VH aus TM 3 – RH 4 – VH außen ---- 1 – RH	alles auf RH

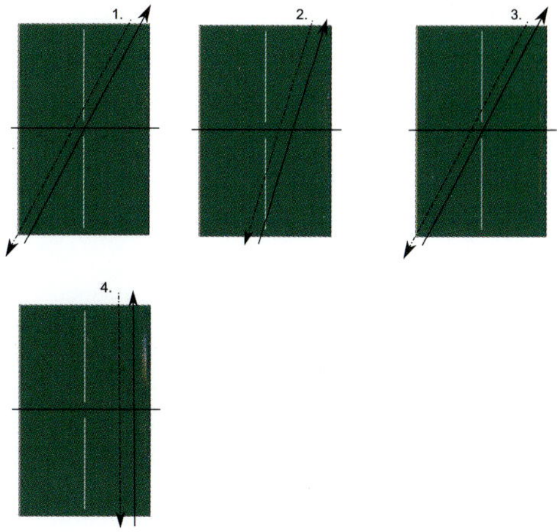

Abbildung 49: 29 O/W

30. O/W Wechsel von VH auf VH im Bereich der TM
Bei Bällen, die aus dem Bereich der TM gespielt werden, soll nach einem Ball aus der VH-Hälfte weiter VH gespielt werden, wenn der nächste auf die RH-Hälfte gespielte Ball gut mit der VH erreicht werden kann. Der Winkel kann größer werden, je besser die Spieler sind.

Tabelle 16

1 – VH rechts von TM 2 – VH links von TM ---- 1 – VH rechts von TM	alles auf VH

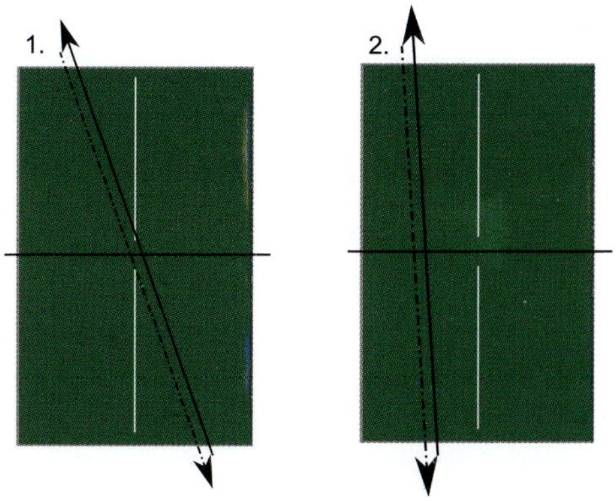

Abbildung 50: 30 O/W

Der Zuspieler spielt ausschließlich VH. Bei dieser Übung ist auch wichtig, dass der „VH-Block“, der in den Nachwuchsklassen im Wettkampf noch sehr wichtig ist, tischnah geübt wird. Block heißt natürlich bei unserer Technik-Vermittlung, dass tischnah leichter Gegenspin gespielt wird. Bei dieser Übung lernt der Zuspieler, bei gegnerischen Angriffsbällen auf die VH-Seite am Tisch zu bleiben.

31. O/W VHT gegen VHT über TM
Ball etwa einen Meter hinter dem Tisch etwa auf dem höchsten Punkt der Flugbahn mit etwas höherer Flugbahn kontrolliert mit Spin in langen Ballwechseln hin und her spielen. Der Schläger bleibt oben, der Ball soll spätestens am Beginn der fallenden Phase gespielt werden. Diese Übung bewirkt vor allem VH-Differenzierung – es ist alles ganz anders als bei den bisherigen Übungen, und das ist sehr wichtig. Die Übung ist, was für viele überraschend klingen mag, gut spielbar. Sie kann auch mit erhöhtem Netz oder am Grabentisch gespielt werden.

32. O/W VH aus RH
Schon früh sollten die Kinder lernen, auf der RH-Diagonalen ihre VH einzusetzen. Dazu bietet sich die „Falkenberg"-Übung an, wenn der dritte Ball statt aus VH außen nur aus VH-TM gespielt wird.

Tabelle 17

1 – RH	
2 – VH aus RH	
3 – VH aus TM	alles auf RH
----	
1 – RH	

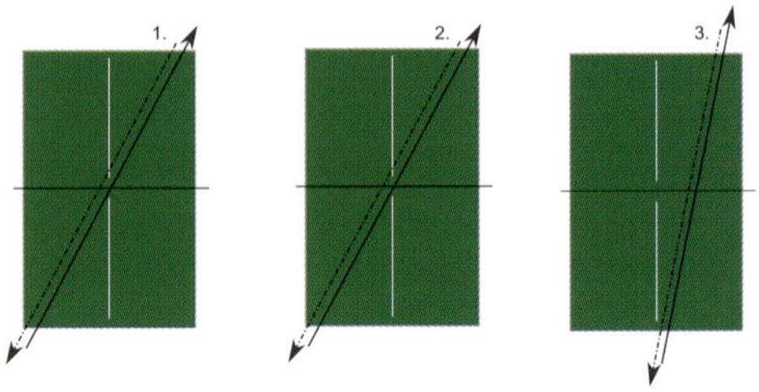

Abbildung 51: 32 O/W

33. O/W VH aus RH mit zwei weiten Wechseln
Fortgeschrittene Spieler können die Übung auch mit weiten Wechseln spielen, wenn sie nach dem VHT aus der RH die nächste VH aus VH-außen spielen. Dann folgt gleich der nächste weite Wechsel auf RH.

Tabelle 18

1 – RH	
2 – VH aus RH	
3 – VH aus VH	alles auf RH
----	
1 – RH	

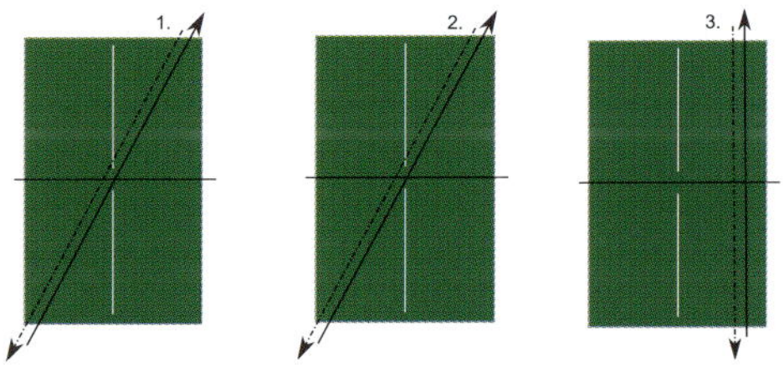

Abbildung 52: 33 O/W

34. O/W Mühle (für Fortgeschrittene)
Ein Spieler spielt alle Bälle diagonal, der andere alle Bälle parallel. Es wird immer zwischen VH und RH gewechselt.

Tabelle 19

1 – VH auf VH
2 – VH auf RH
3 – RH auf RH
4 – RH auf VH
----
1 – VH

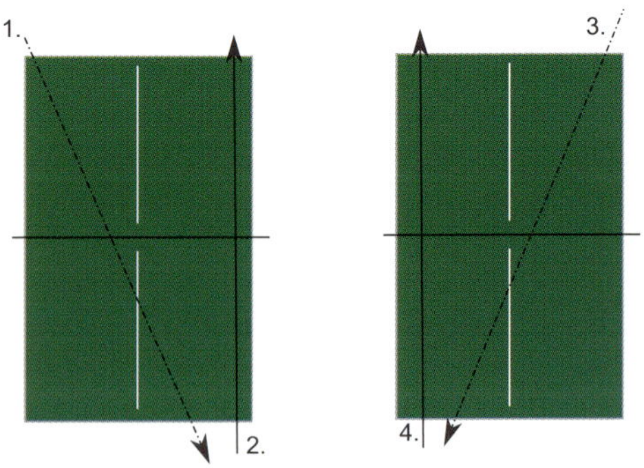

Abbildung 53: Mühle

Aufschlag/Rückschlag, kurz-kurz, Abwehr, Spieleröffnung

Rückschlag, Spiel gegen Schnittabwehr, Kurz-Kurz-Spiel und Spieleröffnung haben gemeinsam, dass der zu spielende Ball wenig Tempo hat und seine Flugbahn flach ist. Dafür spielen wechselnde Rotation und Platzierung eine umso größere Rolle. Es liegt nahe, diese Schläge gemeinsam zu betrachten. Damit die Spieler den Rückschlag ohne Probleme üben können, sollten sie früh Aufschläge mit wechselnder Rotation lernen; damit sie gegen Abwehr spielen können, sollten sie auch selbst Abwehr spielen können. In welcher Reihenfolge kann das gelernt werden?

Erste Trainingswochen:

» Langer/halblanger/kurzer Aufschlag

» Rotationsübungen (beschrieben in Phase 2)

» Kurz-Kurz-Spiel

» Rückschläge (Angriffsschläge) auf Aufschläge mit unterschiedlichen Platzierungen und Tempi

» Erste Eröffnungsübungen mit Trainer oder Zuspieler

Im Sinne einer möglichst großen Differenzierung der Schlagbewegungen und auch als Vorübung für die Spieleröffnung ist es günstig, wenn die Kinder früh das Kurz-Kurz-Spiel erlernen. Es ist für die Kinder am Anfang schwierig, überhaupt einen Ball kurz zu legen. Wenn dann auch noch Platzierungsvorgaben hinzukommen oder gar der Hinweis, dass zu hoch oder zu lang gespielte Bälle mit einem Angriffsball beantwortet werden sollten, dann geht meist überhaupt nichts mehr. Andererseits besteht die Gefahr, dass die Kinder aus dem Stand spielen, wenn die Aufgabe nur darin besteht, den Ball möglichst kurz hin und her zu spielen. Auswege aus diesem Dilemma sind für das Erlernen des Kurz-Kurz-Spiels die Spielformen des Doppels oder des Rundlaufs. Beim Rundlauf ist Bewegung Teil der Übung, beim Doppel wird sie dadurch erzwungen, dass die Partner sich gegenseitig aus dem Weg gehen müssen.

Im Sinne der Erstkodierung ist es aber nicht sinnvoll, dass die Kinder halblange oder zu hohe Bälle kurz zurücklegen. Um einen gewissen Spielfluss zu erhalten und trotzdem kurzes Spiel zu erzwingen, sollten deshalb auf beiden Tischhälften die Flächen markiert sein, in denen der kurz gespielte Ball aufspringen muss (z. B. dünne Schnur, Krepp-Klebeband, das problemlos entfernt werden kann).

Im Doppel ist der kurze Aufschlag taktisch besonders günstig. Für Anfänger empfiehlt es sich, die Tischhälfte, in welche der Aufschlag gespielt werden muss, bei Trainingswettkämpfen nochmals zu unterteilen und jeden Aufschlag, der nicht in diese Zone gespielt wird, als Fehlaufschlag zu werten; denn auch fortgeschrittene Spieler verlieren noch immer ihr Doppel dadurch, dass zu viele Aufschläge etwas zu lang sind.

» Die einfachste Aufgabenstellung ist dabei, dass der Ball möglichst lange mit kurzen Bällen im Spiel gehalten werden muss.

» Dann können die Aufschläger nach zweimal kurz-kurz einen langen Ball spielen, danach ist freies Spiel.

» Bei der dritten Möglichkeit müssen nur der Aufschlag und der Rückschlag kurz gespielt werden.

» Auch unregelmäßige Formen sind möglich: Die Rückschläger dürfen nur kurz legen; die Aufschläger können einen der ersten vier Bälle lang zurückspielen.

Für alle Aufschlag-Rückschlagübungen empfiehlt sich eine Wettkampfform, damit es nicht zu langweilig wird. Wir schlagen dazu die Wettkampfform **„Neunerübung“** vor: Ohne den Aufschläger zu wechseln, werden unabhängig vom Spielstand immer neun Punkte ausgespielt, das knappste mögliche Ergebnis ist dann 5:4, das deutlichste 9:0. Nach jedem Satz wechselt der Aufschlag. Es wird auf zwei Gewinnsätze gespielt, sollte es zum Entscheidungssatz kommen, wird dieser nach normalen Wettkampfregeln gespielt.

Bei Rundläufen empfiehlt sich das Trainerzuspiel, damit der vom Lernenden zu spielende Ball wirklich kurz ist. Wenn die Kinder rechts herum laufen, spielen sie immer eine kurze VH aus der VH-Seite parallel; laufen sie links herum, spielen sie eine kurze RH aus RH der RH-Seite parallel. Die Platzierungsvorgabe parallel ist hier nötig, damit der Zuspieler genau zuspielen kann. Parallel ist zunächst einfacher als diagonal. Bei Rundläufen mit Trainerzuspiel ist es wichtig, dass das Lauftempo angemessen ist. Günstig sind fünf Spieler. Bei vier Spielern wird Zeit gewonnen, wenn der letzte in der Reihe den Ball zwei- oder dreimal zurückspielt. Bei drei Spielern kann jeder den Ball zweimal zurückspielen. Ohne groß darüber zu reden, sollte der Zuspieler manchmal ein bisschen Unterschnitt geben, bei den Spielern, die diesen Ball bereits annehmen können, kann er mit Schnittwechseln weiterspielen.

Rundlauf für „kurz-kurz" mit Trainerzuspiel:

rechtsrum: VH parallel

linksrum: RH parallel

Als **Vorübung für das Kurz-Kurz-Spiel** ist das Spiel gegen eine hochgeklappte Tischhälfte möglich oder Spiel an Mini-Tischen. Am normalen Tisch kann kurzes Spiel durch Änderung der Spielweise erzwungen werden, zum Beispiel wenn zwei Spieler auf derselben Seite neben dem Tisch stehen, und zwar etwas näher am Netz. Die Spieler sollen den Ball kurz-kurz möglichst lange im Spiel halten. Dabei muss ein Spieler VH-Schupfball spielen, der andere RH-Schupf. Deshalb müssen die Spieler nach einigen Minuten die Seiten wechseln (20. ALT Schräg/parallel übers Netz).

Aufschlag-/Rückschlag-Übungen

Die Bälle, die am Anfang eines jeden Ballwechsels vorkommen, lassen sich am einfachsten in Form von Übungen trainieren. Oft reicht es, wenn nur ein bis fünf Bälle vorgegeben sind. Die Reihenfolge der Übungen, die wir hier vorschlagen, ist veränderbar. Im Einzeltraining können diese Lernziele unsystematisch erreicht werden. Der Zuspieler probiert durch und setzt Schwerpunkte, wo es nötig ist. Vorübungen zum schnellen Aufschlag: Ping-Pong (230. ALT), Ziele am Tischende treffen (12. ALT), in VH, RH und auf dem E-Punkt (zwischen RH und TM).

Am Tisch sind folgende Übungen möglich:

» Übungen mit schnellen Aufschlägen (A)

» Übungen mit kurzen A (ohne Unterschnitt)

» Kurze und lange/halblange A gemischt

» langsame und schnelle lange A gemischt

» Rückschläge auf A mit Unterschnitt

» VHT auf Abwehr

» VHT Spieleröffnung auf Schupf

» Rückschläge auf Aufschläge mit unterschiedlichen Rotationen

Die Aufschläge werden immer aus der RH-Seite gespielt. Dabei stehen die Kleinen etwas näher zur TM, damit sie Rückschläge in die weite VH erreichen können. Beim Rückschläger muss ständig auf die korrekte Neutralposition geachtet werden. Deshalb sollten möglichst Übungen vermieden werden, bei denen schnelle Aufschläge ständig auf die gleiche Stelle gespielt werden. Das verführt dazu, dass der Rückschläger schon vorher die entsprechende Position einnimmt.

Übungen mit vorgegebenen langen Aufschlägen mit unterschiedlichen Platzierungen, Rückschlag: Angriffsball mit freier Platzierung:

35. AR Aufschlag auf VH oder RH

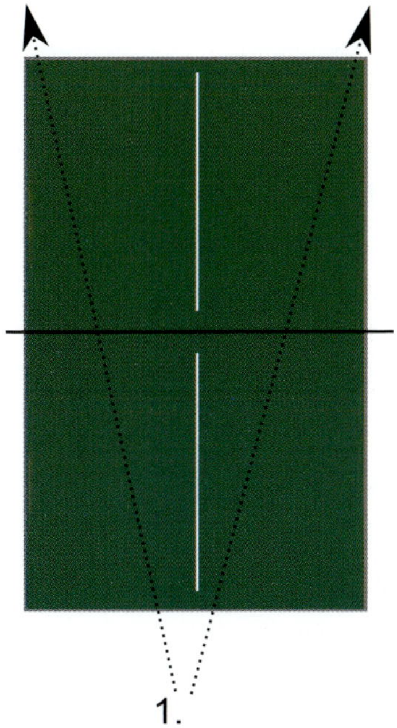

Abbildung 54: 35 AR

36. AR Aufschlag auf TM oder RH

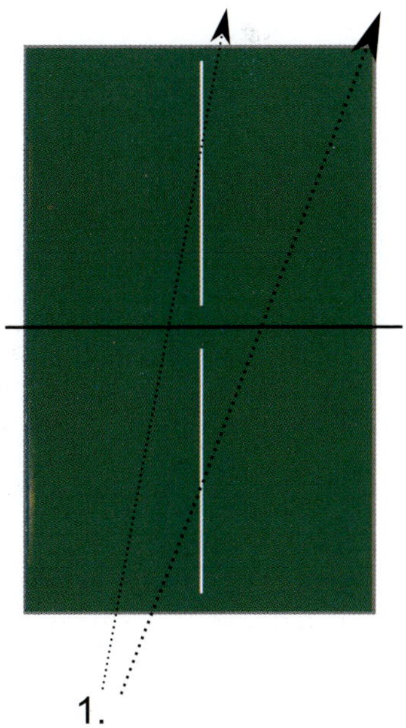

Abbildung 55: 36 AR

37. AR Aufschlag auf TM oder VH

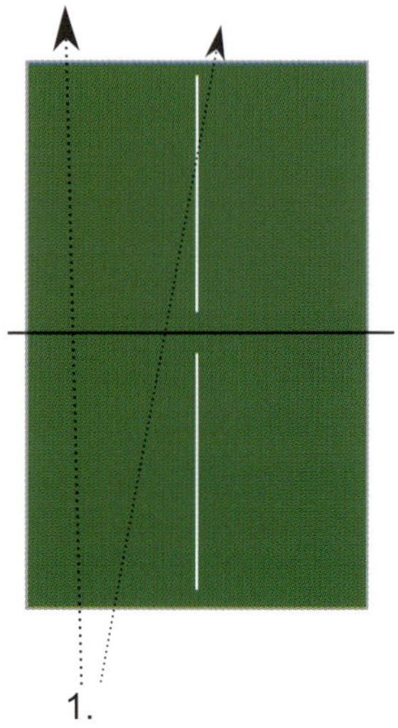

Abbildung 56: 37 AR

38. AR Aufschlag auf TM, VH oder RH

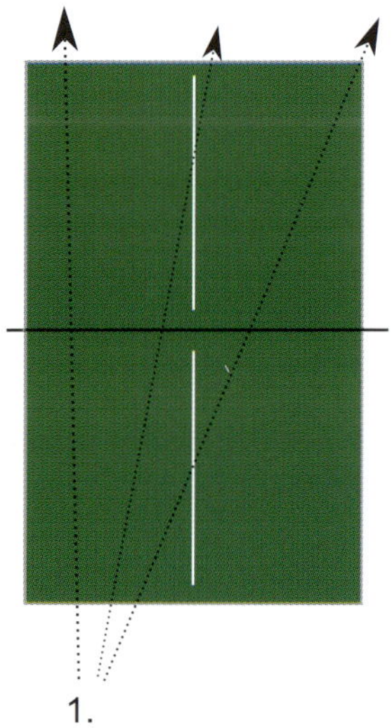

Abbildung 57: 38 AR

Übungen, bei denen die ersten vier Bälle vorgegeben sind:

39. AR

1 – VH-Aufschlag aus RH auf RH
2 – RH auf RH
3 – VH aus RH auf RH
4 – VH aus RH auf RH
5 – Frei (offenes Spiel)

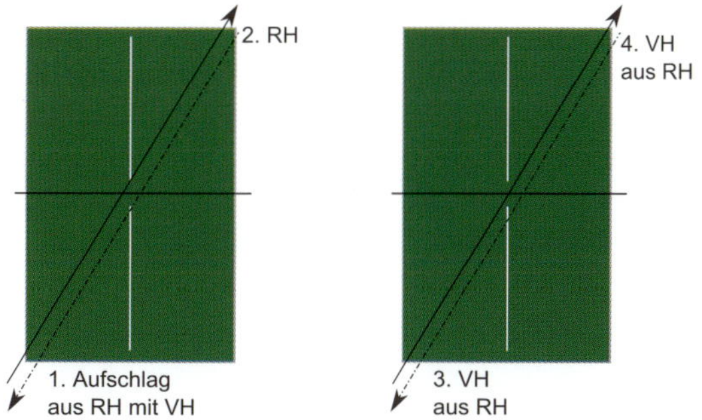

Abbildung 58: 39 AR

40. AR

1 – VH-Aufschlag aus RH auf Ellbogen
2 – mit VH oder RH auf RH spielen
3 – RH auf RH
4 – RH oder VH auf RH
5 – Frei (offenes Spiel)

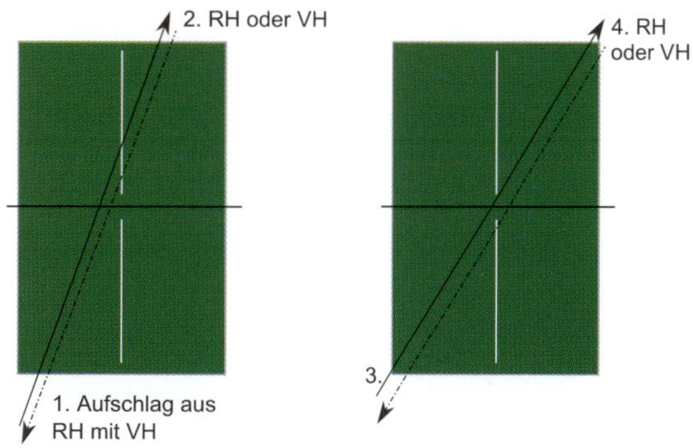

Abbildung 59: 40 AR

41. AR

1 – VH-Aufschlag aus RH auf VH außen
2 – VH auf VH außen
3 – VH auf TM oder auf VH
4 – Frei (offenes Spiel)

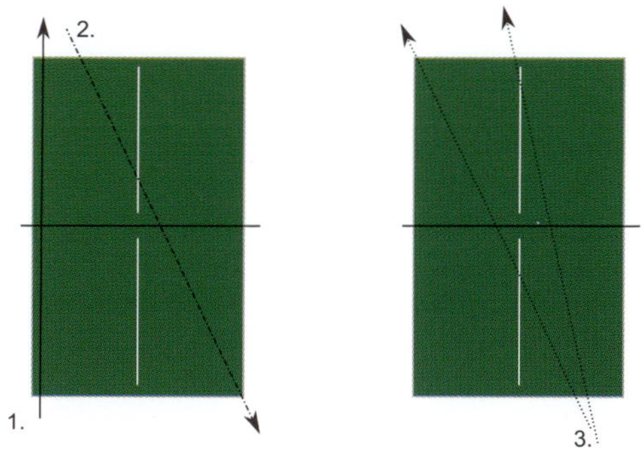

Abbildung 60: 41 AR

Rückschläge auf kurze Aufschläge ohne Unterschnitt: „Spin-Flip“

42. AR

1 – Kurzer Aufschlag auf VH
2 – VH-Flip auf VH oder RH
3 – Frei

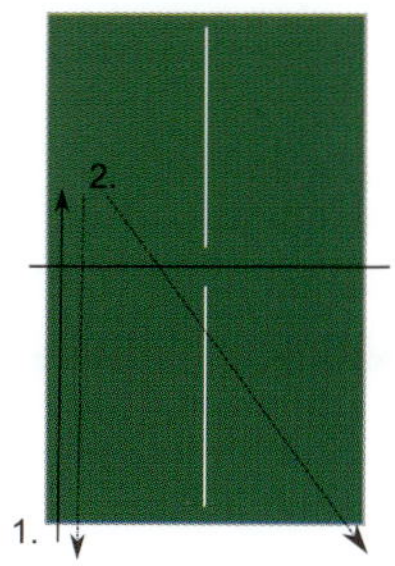

Abbildung 61: 42 AR

43. AR

1 – Kurzer Aufschlag auf RH
2 – RH-Flip auf VH
3 – Frei

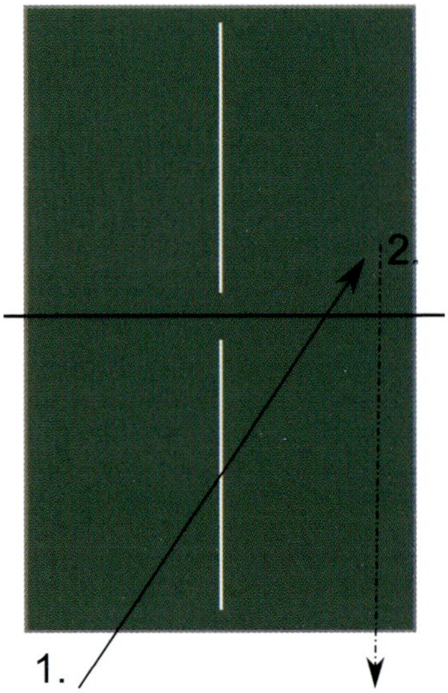

Abbildung 62: 43 AR

44. AR

1 – Kurz auf TM
2 – RH oder VH auf eine der beiden Ecken
3 – Frei

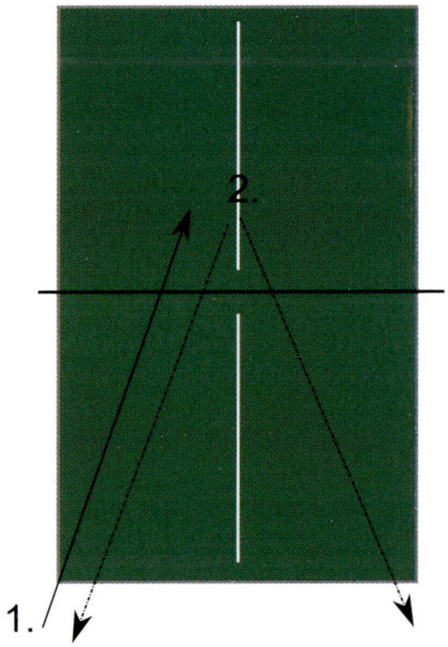

Abbildung 63: 44 AR

45. AR
1 – Kurz über gesamte Tischbreite
2 – Frei

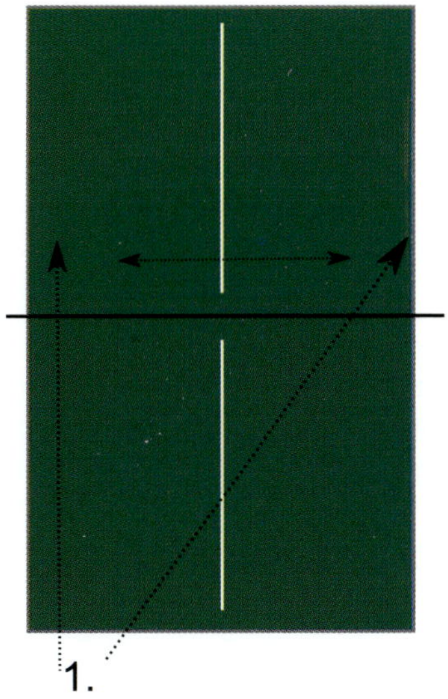

Abbildung 64: 45 AR

Kurz oder schnell?

46. AR
Es werden abwechselnd immer ein kurzer und ein langer Ball eingespielt. Die Platzierung auf TM, VH oder RH ist frei.

47. AR
Wie Übung 46. AR, aber in unregelmäßiger Reihenfolge.

Alle Übungen können als Neuner-Übungen gespielt werden. Man sollte die Übungen allerdings nicht nach „Schema F" runter spielen. In eine Trainingseinheit können zwei oder drei Übungen eingebaut werden, nicht alle Kinder müssen immer das Gleiche spielen.

Eröffnung, kurz-kurz, Abwehr, Spiel gegen Abwehr

Schupfbälle wurden bisher bewusst nur auf kurze Bälle gespielt. Sie haben nämlich die Tendenz, Angriffsschläge zu verdrängen (vor allem über dem Tisch und auf der RH-Seite) und damit das Erlernen der Spin-RH zu verzögern oder zu verhindern. Beim Erlernen der Eröffnung müssen die Kinder nun auch halblange oder lange Schupfbälle oder Abwehrschläge spielen. Da es sich bei den Eröffnungen um die schwierigsten Schläge überhaupt handelt, ist es günstig, wenn die ersten Übungen am Tisch mit einem guten Zuspieler oder sogar mit dem Trainer gespielt werden. Einige Kinder können diese Schläge recht schnell lernen, andere haben große Probleme damit.

Vorübungen:

Alternative Spielformen:

2. ALT Spiel gegen die Wand, 3. ALT Spiel gegen hochgeklappten Tisch und 4. ALT Spiel gegen hochgeklappten Tisch vom Hallenboden.

Am Tisch:

48. AR
Kurze Schupfbälle mit Unterschnitt üben, möglichst in der Spielform des Doppels. Nach zwei bis drei Kurz-Kurz-Ballwechseln wird ein langer Schupfball gespielt; die Kinder versuchen, diesen mit einem Angriffsball zu beantworten, natürlich ohne unkontrolliert anzugreifen.

49. AR
Das Kind spielt einen halblangen Aufschlag, den der Zuspieler möglichst flach mit etwas Unterschnitt auf die VH zurücklegt. Dieser Ball ist recht einfach mit einem VHT zu beantworten. Danach ist freies Spiel. Während der Übung gibt der Zuspieler nach und nach mehr Unterschnitt und variiert die Platzierung. Es wird aber weiterhin nur mit der VH eröffnet.

1 – Kind (K): kurzer Aufschlag
2 – Trainer (Tr): flacher Rückschlag auf VH mit etwas Unterschnitt
3 – K: VHT (Eröffnung)
4 – Tr: Frei (offenes Spiel)

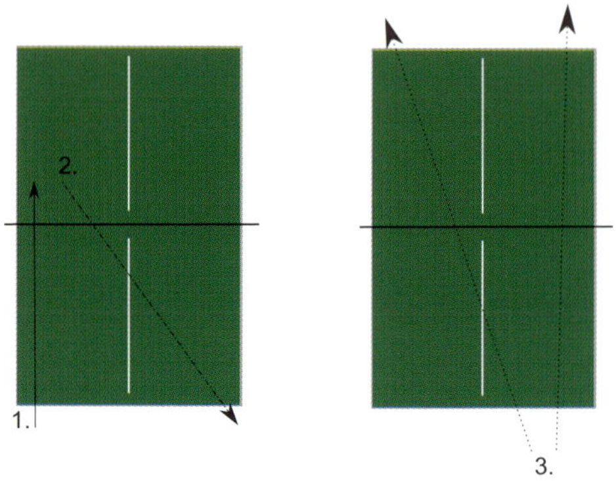

Abbildung 65: 49 AR

Das Kind musste bei seinem Eröffnungstopspin das Schlägerblatt etwas öffnen, nach dem Rückschlag des Trainers hat der Ball Oberschnitt, nun muss das Kind das Schlägerblatt wieder mehr schließen. Es ist deshalb wichtig, dass diese Übung mindestens bis zum fünften Ball gespielt wird.

50. AR
Wie Übung 3, aber die Rückschläge wechseln unregelmäßig von kurz bis lang, meist mit Unterschnitt. Das Kind muss richtig reagieren, entweder kurz legen oder eine Eröffnung spielen.

51. AR
1 – K: Aufschlag kurz auf RH
2 – Tr: Schupf halblang oder lang auf TM
3 – K: VHT (Eröffnung) auf RH
4 – Tr: Frei (Angriffsball mit etwas Spin zum Erlernen der Differenzierung des Topspins)

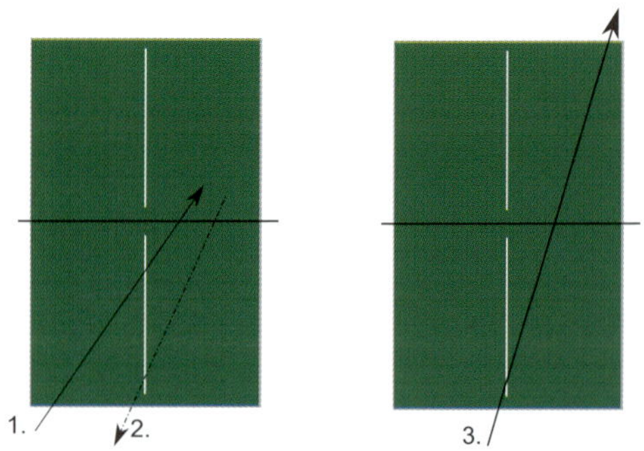

Abbildung 66: 51 AR

52. AR

1 – K: Aufschlag kurz auf VH
2 – Tr: Schupf auf VH
3 – K: VHT (Eröffnung) auf VH
4 – Tr: Frei

Wichtig ist, dass bei diesen Übungen der Trainer die Winkel so spielt, dass das Kind den Ball gut erreichen kann.

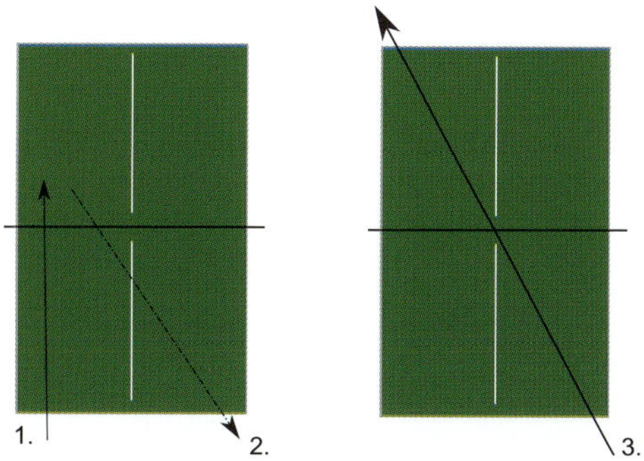

Abbildung 67: 52 AR

53. AR

1 – K: Aufschlag kurz über TM
2 – Tr: Schupf auf VH außen
3 – K: VHT (Eröffnung) auf TM
4 – Tr: Frei

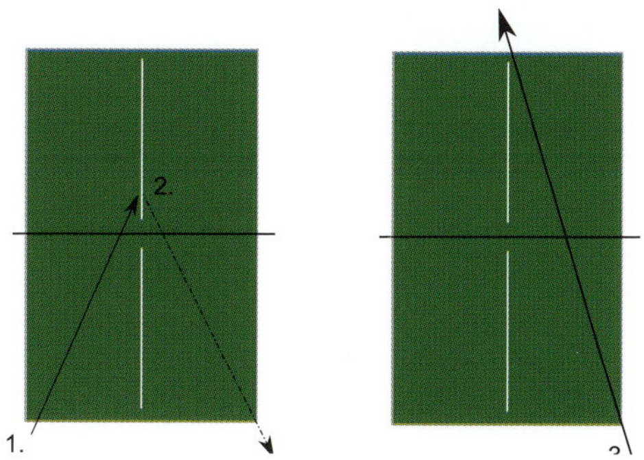

Abbildung 68: 53 AR

54. AR

1 – Tr: Aufschlag kurz auf TM
2 – K: Rückschlag kurz auf TM
3 – Tr: langer Schupfball auf TM
4 – K: VHT Eröffnung auf RH oder VH
5 – Tr: Frei

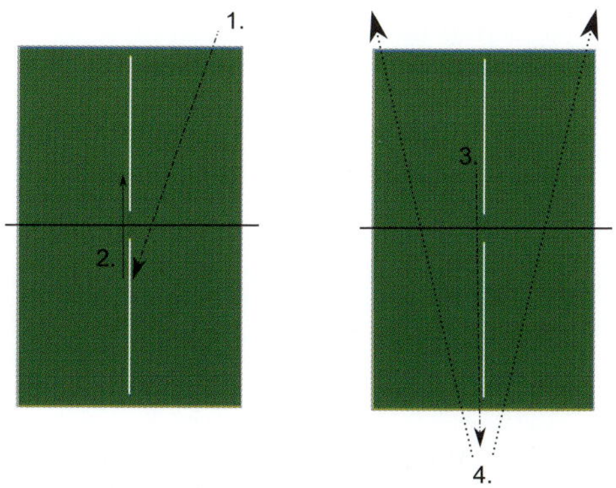

Abbildung 69: 54 AR

Übungen 55. AR bis 58. AR sind erste Übungen für die RH-Eröffnung. Bei diesen beiden Übungen sollte, falls das Kind bei der RH-Eröffnung Schwierigkeiten hat, der Schupfball des Trainers auf die RH etwas kürzer und mit weniger Unterschnitt gespielt werden.

55. AR

1 – Tr: Aufschlag kurz über VH
2 – K: VH kurz auf RH
3 – Tr: Schupfball lang auf RH-Seite
4 – K: RHT (Eröffnung) auf RH
5 – Tr: Frei

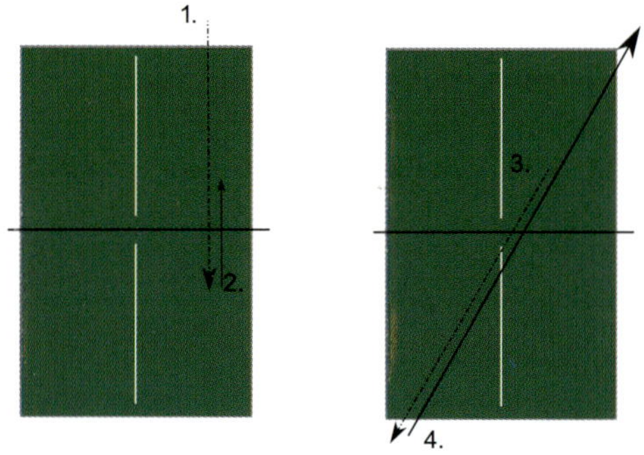

Abbildung 70

56. AR

1 – Tr: Aufschlag kurz über RH
2 – K: RH kurz auf RH
3 – Tr: Schupfball lang auf RH-Seite
4 – K: RHT (Eröffnung) auf RH
5 – Tr: Frei

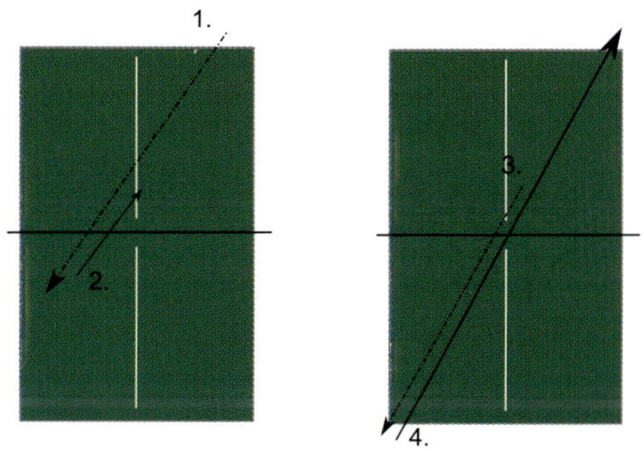

Abbildung 71

57. AR

1 – K: Aufschlag kurz über RH
2 – Tr: Schupfball lang auf RH-Seite
3 – K: RHT (evtl. VHT aus RH) auf RH
4 – Tr: Frei

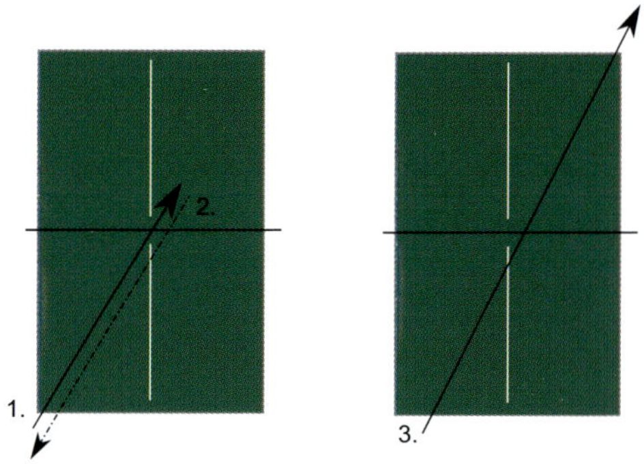

Abbildung 72

58. AR

1 – Tr: Aufschlag kurz auf TM
2 – K: Rückschlag kurz auf TM
3 – Tr: Schupfball lang auf RH-Seite
4 – K: RHT (Eröffnung) auf TM/RH
5 – Tr: Frei

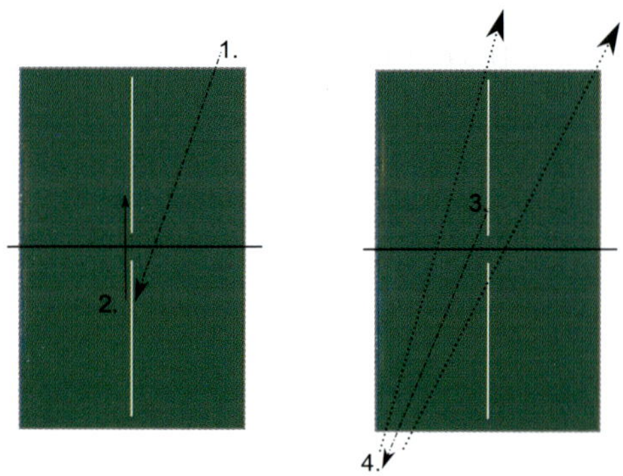

Abbildung 73

Lang oder kurz (II.)?

59. AR

1 – K: Kurzer Aufschlag auf RH
2 – Tr: Kurz auf VH oder lang auf VH
Sobald der Trainer den Ball lang spielt, eröffnet das Kind mit einem VHT, dann frei. Alle kurzen Bälle spielt der Übende kurz auf RH zurück.

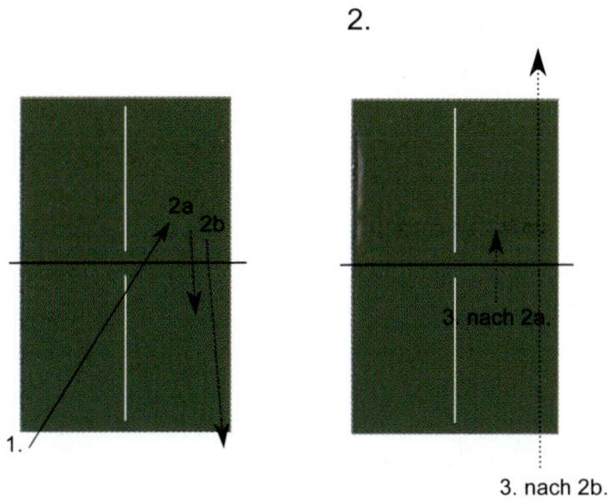

Abbildung 74: 59 AR

60. AR

1 – K: Kurzer Aufschlag über den ganzen Tisch
2 – Tr: Kurze Rückschläge über den ganzen Tisch oder lang über den ganzen Tisch

Sobald der Trainer den Ball lang spielt, eröffnet das Kind mit einem VHT oder RHT, dann frei. Alle kurzen Bälle spielt der Übende kurz zurück.

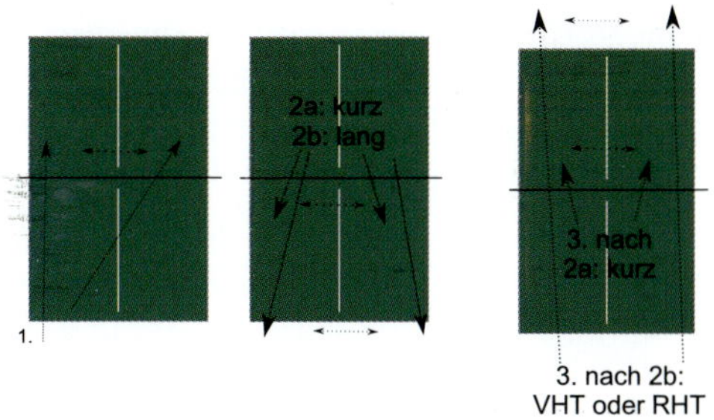

Abbildung 75: 60 AR

Spiel gegen Abwehr

Bei Übung 61 und 62 wird der Eröffnungstopspin auf einen Abwehrschlag geübt. Falls dieser Abwehrschlag zu kurz gerät, sollte kein Eröffnungstopspin gespielt werden, sondern der Ball kurz zurückgelegt werden.
Die folgenden Übungen sind Angebote für Differenzierungsmöglichkeiten und sind hilfreich für das Erlernen des Eröffnungsballes.

61. AR

1 – K: schneller Aufschlag auf VH oder frei
2 – Tr: Schnittabwehr auf VH
3 – K: VHT (Eröffnung)
4 – TR: Frei (offenes Spiel)

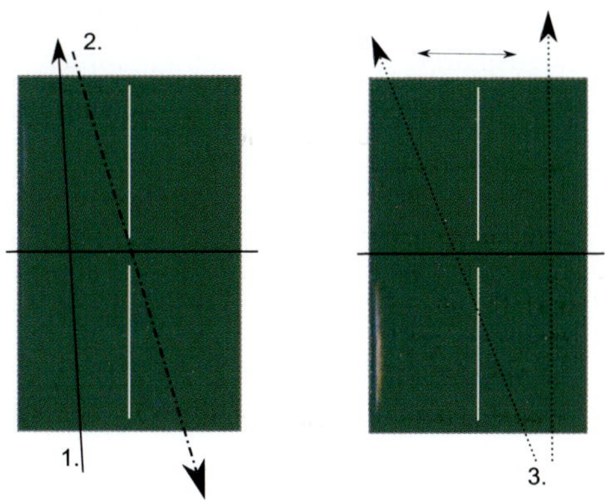

Abbildung 76: 61 AR

62. AR
1 – Tr: schneller Aufschlag auf VH
2 – K: VHT auf VH
3 –Tr: VH-Schnittabwehr
4 – K: VHT (Eröffnung)
5 – Tr: Frei (offenes Spiel)

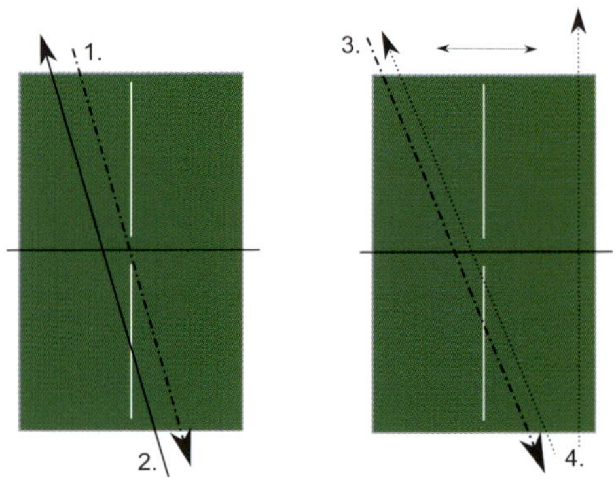

Abbildung 77

Wenn diese Übungen einigermaßen sicher gespielt werden können, kann der Zuspieler nach dem Eröffnungstopspin weitere Abwehrschläge spielen. Wenn diese Übungen anfangs mit Zuspieler gespielt werden, sollte der Übende sowohl Abwehr als auch Angriff spielen, damit die Kinder diese Übungen auch bald untereinander spielen können. Das heißt, das Kind spielt den Abwehrschlag, der Trainer den Topspin.

Nun sollte der Angriff auf den dritten Ball geübt werden. Eröffnungstopspin ist dabei Pflicht. Leider bewegen sich zu viele, auch gute, Nachwuchsspieler nach dem eigenen Aufschlag Richtung TM, um den dritten Ball (meist mit RH) zu schupfen.

Nach den ersten fünf Bällen sind im Leistungstischtennis mehr als 60 Prozent der Ballwechsel entschieden. Jeder dieser fünf Bälle hat typische Merkmale:

Tabelle 20: Merkmale der ersten fünf Bälle

Aufschläger:	Rückschläger:
1 – Aufschlag	2 – Rückschlag
3 – Eröffnungstopspin	4 – Gegenspin/Block
5 – weiter mit Spin angreifen	

Es sind also beim Aufschläger die ersten drei, beim Rückschläger die ersten zwei Bälle, die in den meisten Fällen über den Punktgewinn entscheiden. Das sollte schon im Anfängertraining berücksichtigt werden, sobald entsprechende Spielfähigkeiten erreicht worden sind. Dann empfiehlt es sich, bei regelmäßigen Übungen nur die ersten fünf Bälle vorzugeben, danach frei.

6.4 Strukturierungsmöglichkeiten des Techniktrainings

Der Umfang der Strukturierung hängt von der Fähigkeit der Gruppe zur Selbstorganisation ab. Ist diese hoch, kann der Trainer größere Freiräume lassen und durch Angebote lenkend eingreifen. Außerdem hat er dann mehr Zeit für Einzeltraining und individuelle Hilfen oder Korrekturen.

Tabelle 21: Phasen des Techniktrainings

Phase	Inhalt	Dauer	Zeit add.
Phase 1	Toben mit Plastikbällen/evtl. gleichzeitiger Aufbau, falls ein Teil der Halle mit Banden abgetrennt ist.	10 min	10 min
Phase 2	*Abschnitt 1:* Aufwärmen, Koordination, Kondition *Abschnitt 2:* Übungen zum jeweiligen Thema *Abschnitt 3:* Wettkämpfe und kleine Spiele	20	30
Phase 3 (ab hier sind Tische aufgebaut)	*Abschnitt 1:* Einspielen a) Bei Anfängern: Siehe 5.5 „Einspielen am Trainingsanfang“ b) Bei fortgeschrittenen Anfängern: » VH-VH diagonal. » Beide Spieler spielen VH aus RH auf der RH-Diagonalen. » Ein Spieler VH parallel, ein Spieler RH parallel (nach 5 min. wechseln).	15	45
	Abschnitt 2: Zwei bis vier Übungen zum jeweiligen Thema	25	70
	Abschnitt 3: Wettkampfformen Freies Spiel, Wettkämpfe oder kleine Turniere Oder: Kaisertisch (evtl. kombiniert mit alternativen Spielformen, Kapitel 6.3.1). Alternative Spielformen, bei denen kein Umbau notwendig ist, können vor jeder Runde angesagt werden. Die alternativen Spielformen können abgewandelt werden, das fördert die Aufmerksamkeit: » Nur der Aufschlag (oder Aufschlag und Rückschlag) mit der falschen Hand oder mit Penholder. » Nach zwei Ballwechseln Ping-Pong wird normal weitergespielt. » Der Schläger muss nach jedem Schlag die Hand wechseln.	20	90
Phase 4	Falls noch Zeit ist: Noch einmal austoben, zum Beispiel Fußball oder noch weitere TT-Wettkämpfe.		

Vorüberlegungen zum Aufbau von einzelnen Trainingseinheiten:

- Im bisherigen Text wurden zunächst Spiel- oder Übungsformen beschrieben, die zu den häufigsten Spielsituationen gehören.
- Unter technischen Aspekten werden anschließend dazu Themen formuliert, die nach Schwierigkeit chronologisch geordnet sind.
- Innerhalb eines Themas werden die zugehörigen Übungen ebenfalls nach Schwierigkeit angeordnet.

Für jede Trainingseinheit wird eines dieser Themen ausgewählt, manchmal auch mehrere. Die zugehörigen Übungen finden in Phase 2, Abschnitt 2 und Phase 3 des obigen Schemas statt. Bei der Auswahl der Übungen wird der Schwierigkeitsgrad dem Lernstand der Trainingsgruppe angepasst.

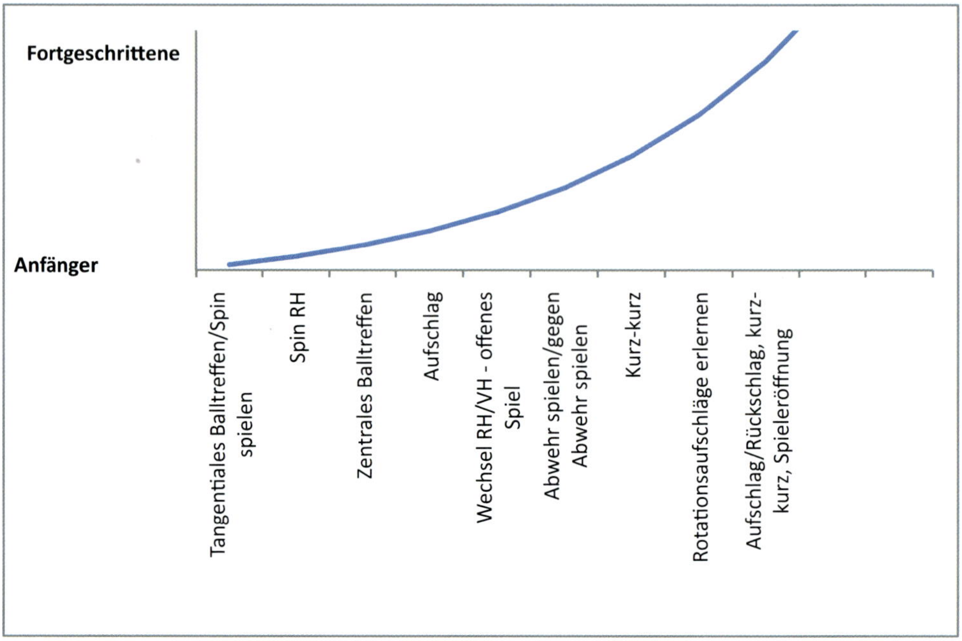

Abbildung 78: Vom Anfänger zum Fortgeschrittenen

6.4.1 Themenreihen

I. Tangentiales Balltreffen/Spin spielen (Ball im Spiel halten)

Tabelle 22

Übungen	Phase	Spielort
» Spiel gegen die Wand (2 ALT) » Tennis über die Bande (10 ALT)	Phase 2/3	Ohne Tisch
» Ball über den Tisch rollen (22 ALT) » Jumbo Bälle, bunte Bälle (13 ALT) » Erhöhtes Netz (nur VH) (6 ALT) » Tisch-Boden (5 ALT) » Gegen hochgeklappten Tisch vom Hallenboden (4 ALT) » Grabentisch (nur VH) (7 ALT) » Grabentisch über zwei quergestellte Tische (nur VH) (8 ALT) » Vier Tische mit Bande statt Netze (9 ALT)	Phase 3	Alternative Spielform am Tisch
» Alle Übungen „Offenes Spiel“ (26 bis 34 O/W)	Phase 3	Übungen am Tisch

II. Spin RH

Bei allen Übungen für die Spin-RH soll nach etwa drei Bällen VH gespielt werden. Achtung: Alle Bälle, die Richtung TM platziert sind, werden immer mit VH gespielt (vgl. hierzu 6.3.2 „Das Erlernen der Spin-Rückhand“).

Tabelle 23

Übungen	Phase	Spielort
» Abwechselnd VH/RH tippen » Gegen die Wand spielen (erste Ball mit VH einspielen, dann RH, zwischendurch immer wieder auf VH wechseln) (2 ALT). » Tennis über die Bande (10 ALT)	Phase 2 Phase 2/3 Phase 2/3	Ohne Tisch
» Gegen hochgeklappten Tisch vom Hallenboden (4 ALT) » Tisch-Boden, erst VH, dann RH. Der Zuspieler spielt normal (5 ALT) » Schläger auf Tisch aufkanten (6.3.2 „Das Erlernen der Spin-Rückhand") » Den ersten Ball tischnah mit RH spielen, dann etwas vom Tisch gehen und RH weiterspielen.	Phase 3	Übungen am Tisch

III. Zentrales Balltreffen

Tabelle 24

Übungen	Phase	Spielort
» Tippen (Variation) » Prellen	Phase 2	Ohne Tisch
» Hochgeklappter Tisch (3 ALT) » Ping-Pong (23 ALT)	Phase 3	Alternative Spielform am Tisch
» Schneller Aufschlag (Variation: Ziele treffen, 12 ALT) » Flacher kurzer Aufschlag ohne Rotation » Block gegen schnelle Topspins im offenen Spiel (anfangs nur mit Zuspieler möglich)	Phase 3	Übungen am Tisch

IV. Aufschlag

Tabelle 25

Übungen	Phase	Spielort
» Prellen » Volley gegen die Wand (2ALT) » Ping-Pong gegen die Wand (2ALT) » Ping-Pong über die Bande (10ALT) » Volley über die Bande (10ALT)	Phase 2 Phase 2/3 Phase 2/3	Ohne Tisch
» Ping-Pong gegen hochgeklappten Tisch (3ALT) » Ping-Pong (23ALT)	Beide Phase 3	Alternative Spielform am Tisch
» Ball volley sofort auf die gegnerische Tischhälfte spielen » Den Ball volley so auf die eigene Tischhälfte spielen, dass er hinten über den Tisch fliegt. » Normaler Aufschlag am Tisch. » Ziele am Tischende treffen (12ALT) » Kurze Aufschläge (Markierung, 11ALT) » Wechselnde Platzierungen üben » Aufschlag-Rückschlag-Übungen (15 bis 62 AR)	Alle Phase 3 Achtung! Sofort auf regelkonforme Ausführung des Aufschlages und auf die korrekte Position des Aufschlägers (in RH-Seite) sowie auf die korrekte Neutralposition beim Rückschläger achten.	Übungen am Tisch

V. Wechsel RH/VH

Tabelle 26

Übungen	Phase	Spielort
» Abwechselnd VH/RH tippen oder prellen (mit Variationen)	Phase 2	Ohne Tisch
» Hochgeklappter Tisch über die TM mit ständigem Wechsel VH/RH (3ALT) » Ping-Pong mit RH/VH-Wechsel über TM oder als Mühle (23ALT)	Phase 3	Alternative Spielform am Tisch
» Die Übungen im offenen Spiel (O/W 26, 28, 30, 31, 32 [für Anfänger]) » Die Übungen im offenen Spiel (O/W 27, 29, 33, 34 [für fortgeschrittene Anfänger])	Phase 3	Übungen am Tisch

VI. Abwehr spielen/gegen Abwehr spielen

Tabelle 27

Übungen	Phase	Spielort
» Abwehrschläge oder Spinbälle gegen die Wand spielen (2ALT) » Gegen hochgeklappten Tisch vom Hallenboden Abwehrschläge oder Spinbälle spielen (4ALT) » Tennis über die Bande: einer spielt Abwehr, der andere greift mit VH und RH an. (10ALT) » Variation: Abwehrschlag volley.	Phase 2/3 Phase 2/3 Phase 3	Ohne Tisch
» Übungen mit schnellen Aufschlägen (61, 62 AR) » Spiel mit Material, anfangs mit Brettchen (14 AR) » Wettkämpfe, in denen beide Spieler mit Material spielen.	Alle Phase 3	Übungen am Tisch

VII. Kurz-kurz

Tabelle 28

Übungen	Phase	Spielort
» Ball auf Schläger Balancieren	Phase 2	Ohne Tisch
» Mini-Tisch (1ALT) » Alleine am Netzpfosten spielen (21ALT) » Parallel über das Netz (20ALT) » Schräg über das Netz (20ALT) » Rundläufe mit kurzem Trainerzuspiel (16ALT) » Doppel (15ALT)	Phase 3	Alternative Spielformen am Tisch

VIII. Rotationsaufschläge erlernen

Tabelle 29

Übungen	Phase	Spielort
Rotationsübungen mit Ball und Schläger (vgl. Rotationsübung I – Rotationsübung V in 6.2.2.2 Abschnitt 2 mit TT-Material). Ball mit Side-Spin um Gegenstände herum spielen.	Phase 2	Ohne Tisch
Ball übers Netz spielen, sodass der Ball ins Netz zurückrollt (6.2.2.2 Abschnitt 2 mit TT-Material). Parallel zum Tischende mit Back-Spin spielen (6.2.2.2 Abschnitt 2 mit TT-Material). Aufschläge mit unterschiedlichen Rotationen lernen: U-förmige Bewegungen mit VH und RH ausprobieren. Der Partner nimmt die Bälle volley an, die Spieler beobachten, in welche Richtung der Ball wegspringt. Zum sichtbar Machen von Rotation: bunte Bälle benutzen (13 ALT) oder Aufschläge gegen Rückschlagbrett spielen. Neuner Übungen mit stets gleichem Rotationsaufschlag.	Phase 3	Übungen am Tisch

IV. Aufschlag/Rückschlag, kurz-kurz, Spieleröffnung

Tabelle 30

Übungen	Phase	Spielort
35 bis 62 AR 35 bis 41 AR: Lange Aufschläge mit unterschiedlichen Platzierungen 42 bis 45 AR: Rückschläge gegen kurze Aufschläge mit unterschiedlichen Platzierungen (Flip). 46 und 47 AR: Rückschläge auf Aufschläge mit unterschiedlichen Tempi und Platzierungen über dem ganzen Tisch 48 bis 54 AR: Eröffnung mit VH 55 bis 58 AR: Eröffnung mit RH 59 bis 60 AR: Unregelmäßig lang kurz, RH/VH 61 bis 62 AR: Abwehr	Phase 3	Übungen am Tisch

6.4.2 Trainingspläne

Basierend auf den thematischen Reihen werden im Folgenden exemplarisch Trainingspläne erstellt. Einige Themen können in einer Trainingseinheit zusammengefasst werden, beispielsweise das zentrale Balltreffen und das Erlernen des Aufschlags bei Anfängern. Auch beim Erlernen von Rotationsaufschlägen bietet sich eine kombinierte Einheit an: Für das Erlernen von Rotation ist enorme Konzentration erforderlich. Um die Kinder nicht zu überfordern, können Elemente des Themas Rotation stückweise in andere Einheiten eingegliedert werden.

Je höher das Leistungsniveau der Gruppe ist, desto stärker finden sich auch unterschiedliche Themen in der gleichen Einheit: Bei Fortgeschrittenen ist es sinnvoll, sowohl Übungen für das offene Spiel wie auch Aufschlag-Rückschlag-Übungen in der gleichen Einheit zu spielen, dies sorgt für Abwechslung und erhöht die Motivation in der Gruppe.

Überhaupt sollte die vorgegebene Einteilung in Themen nicht zu streng eingehalten werden: Beim Erlernen des langen Aufschlages kommen auch Elemente des offenen Spiels vor, das Erlernen des Rotationsaufschlags wird schnell im Zusammenhang mit Aufschlag, Rückschlag, kurz-kurz und der Spieleröffnung trainiert. In allen Einheiten kommen VH/RH-Wechsel vor. Bei Fortgeschrittenen werden die Elemente Spin spielen, Spin-RH, zentrales Balltreffen/Aufschlag, Wechsel VH/RH fast nur noch in Form von Übungen am Tisch trainiert, Elemente des Kurz-Kurz-Spiels, Rotationsaufschläge und der Eröffnungstopspin kommen insbesondere in Aufschlag-/Rückschlag-Übungen vor.

Je homogener die Leistungsstärke der Gruppe ist, desto stringenter kann ein und derselbe Trainingsplan für die Gruppe angewendet werden, insbesondere im Sportunterricht bietet sich ein solches Vorgehen an. Im Verein stoßen in Anfängergruppen immer wieder neue Spieler hinzu. Während einige bereits fortgeschritten sind, stehen andere noch ganz am Anfang. In diesem Fall sollte das Training in Phase 3 nach dem Einspielen individualisiert werden.

Die Themen werden unterschiedlich gewichtet. Priorität hat am Anfang das Erlernen des tangentialen Balltreffens/Spielen von Spin und das Erlernen eines regelkonformen Aufschlags, damit die Spieler möglichst rasch am Tisch zusammen trainieren können. Anfänger werden zunächst Probleme haben, Übungen zu spielen, dies fängt bereits bei einfachen Platzierungsvorgaben an (wie das diagonale oder parallele Einspielen). Dies ist kein Grund zur Beunruhigung, sondern völlig normal. Bloß nicht die Übungen bis zur Perfektion durchspielen lassen, das ist zu langweilig.

Einige Kinder spielen viel lieber Wettkämpfe als Übungen am Tisch. Solange die Kinder mit Spaß und Eifer bei der Sache sind, kann der Umfang des freien Spiels dementsprechend erhöht werden. Wer trotzdem noch Übungen spielen will, fragt beim Trainer nach.

Für Anfänger, fortgeschrittene Anfänger und Fortgeschrittene sind die Trainingseinheiten unterschiedlich strukturiert. Während ganz am Anfang die Phase 2 länger ist und in Phase 3 einfache alternative Spielformen dominieren, wird mit zunehmender Spielfähigkeit die Phase 2 kürzer, in Phase 3 werden immer mehr „normale" Übungen am Tisch gespielt.

Viele unserer Übungen, mit Ausnahme der Übungen zum Erlernen des Aufschlages und des Rückschlages, werden auch noch von Spitzenspielern regelmäßig gespielt, wobei viele Spieler sogar bestimmte Lieblingsübungen haben, die sie in fast jeder Einheit spielen. Spitzenspieler spielen die Übungen mit viel Spin und Tempo, viel Körpereinsatz und gleichzeitig viel Sicherheit.

Die koordinativen und konditionellen Übungen sind in den folgenden Trainingsplänen nicht mehr ausgearbeitet: Diese finden immer wie zuvor geschildert statt. Beim Tippen oder Prellen sollen möglichst oft Wettkampfformen angewendet werden.

Ein letztes Wort zum hochgeklappten Tisch: Da es aus Platzgründen kaum möglich ist, alle Tische hochzuklappen, bietet es sich an, immer einen Tisch, egal welches Thema gerade Schwerpunkt der Einheit ist, hochzuklappen. Dies hat mehrere Vorteile: Wenn ein Spieler übrig ist, kann dieser allein am hochgeklappten Tisch spielen. Wichtig ist, dass niemand zu lange alleine spielt, das langweilt. Sind ohnehin zu wenige Tische vorhanden, sollte kein Tisch hochgeklappt werden.

Sollten Kinder mit den Spiel- oder Übungsformen überfordert sein, was gerade in der Grundschule vorkommen kann, bieten sich folgende Lösungen an:

» Im Sportunterricht in jeder Aufwärmphase Plastikbälle einsetzen!

» Vor einer Unterrichtseinheit „Tischtennis" in den Bewegungspausen im normalen Unterricht mit Ball und Schläger üben (vgl. 10.2 „Unterrichtsräume: Rhythmisierung des Unterrichts").

» Im Sportunterricht Phase 2 ausdehnen und mehr Übungen mit Plastikball sowie TT-Schläger und TT-Ball ohne Tisch spielen.

» Vor den Trainingsplänen zunächst ein abwechslungsreiches Zirkeltraining mit verschiedenen Stationen und alternativen Spielformen einsetzen (vgl. 6.5 „Trainingsaufbau bei zu wenig Tischen").

» Rundlauf mit Trainer-Zuspiel für die schwächeren Spieler anbieten.

» Bei den Übungen am Tisch zunächst nur den Aufschlag vorgeben, danach frei auf Punkt spielen (35 bis 38 AR sowie 42 bis 45 AR).

» Bestehen in einer Gruppe große Leistungsunterschiede, muss das Training individualisiert werden. Die Spieler entscheiden selbst, ob sie bereits am Tisch trainieren.

6.4.3 Die ersten Trainingseinheiten für Anfänger

I. Tangentiales Balltreffen/Spin spielen (Ballkontrolle) (1)

II. Spin-RH

III. Zentrales Balltreffen/Aufschlag

IV. Tangentiales Balltreffen/Spin spielen (Ballkontrolle) (2)

V. Wechsel VH/RH (1)

VI. Aufschläge mit unterschiedlichen Tempi und Platzierungen (zurück)spielen.

Trainingseinheiten für fortgeschrittene Anfänger (nach dem Einspielen wird immer eine Übung zum offenen Spiel gespielt):

VII. Abwehr/gegen Abwehr

VIII. Kurz-kurz

IX. Rotationsaufschläge

X. Aufschlag/Rückschlag, kurz-kurz, Eröffnungstopspin

XI. Wechsel VH/RH (2)

I. Thema: Tangentiales Balltreffen/Spin spielen (Ballkontrolle) (1)

Tabelle 31

Phase	Inhalt	Dauer	Zeit add.
Phase 1	Toben mit Plastikbällen/evtl. gleichzeitiger Aufbau für Phase 2, falls ein Teil der Halle mit Banden abgetrennt werden kann.	10 min	10 min
Phase 2	*Abschnitt 1:* Übungen mit Plastikball, Tippen mit VH, Erschwerung: Wechsel VH/RH, dabei gehen oder laufen. *Abschnitt 2:* Mit TT-Ball und Schläger: Spiel gegen die Wand und Tennis über die Bande. *Abschnitt 3:* Wettkämpfe, „richtig Gas geben" (6.2.3 „Staffeln").	20	30
Phase 3	*Abschnitt 1:* Einspielen: Siehe 5.5 „Einspielen am Trainingsanfang"	10	40
	Abschnitt 2: Übung 1: Spiel mit mehrfarbigen Bällen und Jumbo-Bällen, Ball kontrollieren, Spin beobachten (13 ALT). Übung 2: Spiel über erhöhte Netze, hauptsächlich VH (6 ALT). Übung 3: Ball alleine über den Tisch rollen, dabei zwischen RH und VH wechseln (22 ALT).	30	75
	Abschnitt 3: Wettkampfformen: Rundläufe, Rundläufe mit Trainerzuspiel, Ping-Pong oder normale Wettkämpfe (je nach Spielfähigkeit oder Wunsch der Spieler).	20	90
Phase 4	Falls noch Zeit ist: Noch einmal austoben, zum Beispiel Fußball oder noch weiter TT-Wettkämpfe.		

Da Phase 1 und Phase 4 immer gleich sind, werden sie fortan in den Stundenentwürfen nicht mehr aufgeführt. Bei den addierten Zeitangaben werden vorab 10 Minuten dazu gerechnet.

II. Thema: Spin-RH

Tabelle 32

Phase	Inhalt	Dauer min.	Zeit add.
Phase 2	*Abschnitt 1:* Übungen mit Plastikball: Abwechselnd rechts-links oder Handinnen-/Handaußenseite tippen und prellen. *Abschnitt 2:* Tippen: Ständig zwischen VH und RH wechseln. Prellen: Zwischen VH und RH wechseln. Gegen die Wand spielen: Erster Ball mit VH, dann RH, zwischendurch immer wieder auf VH wechseln. Tennis über die Bande, möglichst oft zwischen VH und RH wechseln. *Abschnitt 3:* Wettkämpfe, „richtig Gas geben" (6.2.3/Staffeln).	20	30

noch Tabelle 32

Phase	Inhalt	Dauer min.	Zeit add.
Phase 3	*Abschnitt 1:* Einspielen: VH parallel auf RH, nach fünf Minuten wechseln.	10	40
	Abschnitt 2: Übung 1: Auf der VH-Diagonalen beginnen, nach 2 bis 3 Bällen auf die RH spielen, dann frei. Übung 2 (5 ALT): Tisch – Boden: Erst VH, dann RH. Der Zuspieler spielt normal, möglichst VH (mit Wechsel). Übung 3: Ein Spieler spielt den ersten Ball tischnah mit RH, geht dann etwas vom Tisch und spielt RH weiter. Der Zuspieler spielt mit RH oder VH normal zu. Diese Übung ist für einige Spieler unter Umständen zu schwierig, alternativ kann der Schläger auf dem Tisch aufgekantet werden (6.3.1.4 „Das Erlernen der Spin-Rückhand").	30	70
	Abschnitt 3: Rundläufe, Laufrichtung im Uhrzeigersinn. Der Ball wird dann meist mit der RH gespielt, evtl. mit Trainerzuspiel. Wettkämpfe.	20	90

III. Thema: Zentrales Balltreffen/Aufschlag

Tabelle 33

Phase	Inhalt	Dauer	Zeit add.
Phase 2	*Abschnitt 1:* Übungen mit Plastikball. *Abschnitt 2:* Prellen zuerst mit Plastikbällen, dabei zwischen rechter und linker Hand abwechseln. Mit TT Ball und schläger: prellen oder volley gegen die Wand, dabei zwischen VH und RH wechseln. Ping-Pong oder volley über die Bande. *Abschnitt 3:* Wettkämpfe, „richtig Gas geben" (6.2.3/Staffeln).	20 min	30 min
Phase 3	*Abschnitt 1:* Einspielen: Siehe Seite 5.5 Einspielen am Trainingsanfang.	10	40
	Abschnitt 2: Übung 1: Ball volley auf die gegnerische Tischhälfte spielen, dann normal weiter (mit Wechsel). Übung 2: Ping-Pong (23 ALT). Aufschlag Übungen Nr.: 35 und 38 AR (als Neuner Übung)	30	70
	Abschnitt 3: Kaisertisch: Zwischendurch Ping-Pong.	20	90

IV. Thema: Tangentiales Balltreffen/Spin spielen (Ballkontrolle) (2)

Tabelle 34

Phase	Inhalt	Dauer	Zeit add.
Phase 2	*Abschnitt 1:* Verschiedene Übungen mit Plastikball und mit TT-Ball und Schläger. *Abschnitt 2:* Spiel gegen die Wand und Tennis über die Bande (beides ohne Volleys). *Abschnitt 3:* Wettkämpfe, „richtig Gas geben" (6.2.3 „Staffeln").	20 min	30 min
Phase 3	*Abschnitt 1:* Einspielen: Siehe Seite 5.5 „Einspielen am Trainingsanfang"	10	40
	Abschnitt 2: Übung 1: Spiel Tisch – Boden (Zuspieler spielt normal, Wechsel VH/RH) (5ALT) Übung 2: VHT gegen VHT über TM (31ALT). Übung 3: Wechsel VH außen/VH TM (26ALT). Übung 4: Wechsel VH/RH (28ALT).	30	70
	Abschnitt 3: Wettkampfformen: Kaisertisch: Einige Tische haben Graben oder erhöhte Netze.	20	90

V. Thema: Wechsel VH/RH (1)

Tabelle 35

Phase	Inhalt	Dauer	Zeit add.
Phase 2	*Abschnitt 1:* Übungen mit Plastikball: Abwechselnd rechts-links oder Handinnen-/Handaußenseite tippen und prellen, auch volley gegen die Wand. *Abschnitt 2:* Mit TT-Material: Tippen: Ständig zwischen VH und RH wechseln. Prellen: Zwischen VH und RH wechseln. Volley gegen die Wand mit Wechsel VH RH oder mit Partner volley über die Bande mit Wechsel VH RH. *Abschnitt 3:* Wettkämpfe und kleine Spiele	20 min	30 min
Phase 3	*Abschnitt 1:* Einspielen: Siehe 5.5 „Einspielen am Trainingsanfang. Diagonal und parallel".	10	40
	Abschnitt 2: Übung 1: Ping-Pong über TM mit VH/RH-Wechsel (23ALT). Übung 2: Ping-Pong Mühle (23ALT). Übung 3: VH-RH Wechsel (32ALT) (die schwächeren Spieler spielen Übung 28ALT).	30	70
	Abschnitt 3: Freie Wettkämpfe.	20	90

VI. Thema: Aufschläge mit unterschiedlichen Tempi und Platzierungen (zurück)spielen

Tabelle 36

Phase	Inhalt	Dauer	Zeit add.
Phase 2	In Phase 2 werden vom Thema unabhängige Übungen gespielt.	20 min	30 min
Phase 3	*Abschnitt 1:* Einspielen: » VH-VH diagonal. » Beide Spieler spielen VH aus RH auf der RH-Diagonalen. » Ein Spieler VH parallel, ein Spieler RH parallel.	10	40
	Abschnitt 2: Aufschlag Übungen 35, 36, 37, 38 AR. Alle Ballwechsel sollen auf Punkt ausgespielt werden, sie können gut als Neuner-Übung gespielt werden. Am Ende der Übungsphase, vor den freien Wettkämpfen, können spezielle Zielübungen (Ziele am Tischende treffen (12ALT) stattfinden.	30	70
	Abschnitt 3: Wettkämpfe, Rundläufe, etc.	20	90

VII. Thema: Abwehr/gegen Abwehr

Tabelle 37

Phase	Inhalt	Dauer	Zeit add.
Phase 2	Gegen die Wand spielen: Erst nur Abwehr, anschließend nur Topspin. Tennis über die Bande: Topspin gegen Abwehr, Variation: Abwehrschlag als Volley.	20 min	30 min
Phase 3	*Abschnitt 1:* Einspielen: » VH-VH diagonal. » Beide Spieler spielen VH aus RH auf der RH-Diagonalen. » Ein Spieler VH parallel, ein Spieler RH parallel.	10	40
	Abschnitt 2: Übung 1: 61 AR. Zu kurze Abwehrschläge werden vorsichtig über das Netz zurück gelegt (Neuner Übung, falls vorhanden Brettchen einsetzen). Übung 2: 62 AR (Neuner Übung). Übung 3: Wie Übung 1, aber der Abwehrspieler versucht, mehrere Topspins nacheinander abzuwehren (bei dieser Übung kann der Abwehrspieler auch mit Brettchen spielen).	30	75
	Abschnitt 3: Wettkämpfe oder Kaisertisch (an einigen Tischen liegt ein Brettchen).	20	90

VIII. Thema: Kurz-kurz

Tabelle 38

Phase	Inhalt	Dauer	Zeit add.
Phase 2	Ball tippen oder balancieren, Ball mit Schläger hochwerfen und mit dem Schläger auffangen. Staffel: Den Ball auf dem Schläger balancieren und ohne Hand übergeben.	20 min	30 min
Phase 3	Falls möglich, stehen ein Mini-Tisch und ein hochgeklappter Tisch parat, an denen die etwas schwächeren Spieler üben können. Vor dem Einspielen: Jeder steht alleine am Netzpfosten und spielt den Ball alleine hin und her: Wer schafft es am längsten? *Abschnitt 1:* Einspielen: » VH-VH diagonal. » Beide Spieler spielen VH aus RH auf der RH-Diagonalen. » Ein Spieler VH parallel, ein Spieler RH parallel.	10	40
	Abschnitt 2: Übung 1: Parallel oder schräg übers Netz (20 ALT) und/oder am Netz allein (21 ALT). Übung 2: VH aus RH (32 ALT) Übung 3: Kurzer Aufschlag, frei (als Neuner-Übung) Übung 4: Kurz-kurz, ab dem dritten Ball darf auch lang gespielt werden. Übung 5: Doppel, welcher Tisch hält die Bälle am längsten kurz im Spiel (lange Trefferzone abdecken). Nach dem ersten Fehler mit anders farbigem Ball weiterspielen.	30	70
	Abschnitt 3: Doppelturnier	20	90

IX. Thema: Rotationsaufschläge (falls die Kinder unkonzentriert werden, Wettkämpfe oder andere alternative Spielformen spielen lassen)

Tabelle 39

Phase	Inhalt	Dauer	Zeit add.
Phase 2	Ball tippen und balancieren, Ball mit Schläger hochwerfen und mit dem Schläger auffangen. Rotationsübungen mit Ball und Schläger. Die Kinder stehen an einer Linie und spielen den Ball mit Back-Spin nach vorne: Welcher Ball rollt am weitesten zurück? Ball um Gegenstände herumspielen	20 min	30 min
Phase 3	Vor dem Einspielen: Der Aufschläger macht fünf Rotations-Aufschläge, der Rückschläger nimmt die Bälle volley an, er hält den Schläger aber nur hin, damit beide sehen, wie sich beim Absprung die Rotation auswirkt. Dann Aufschlagwechsel.		
	Abschnitt 1: Einspielen: » VH-VH diagonal. » Beide Spieler spielen VH aus RH auf der RH-Diagonalen. » Ein Spieler VH parallel, ein Spieler RH parallel.	10	40
	Abschnitt 2 Falls vorhanden, sollten mehrfarbige Bälle eingesetzt werden (13 ALT): Übung 1: Eine Übung „Offenes Spiel" 26 bis 34 O/W. Übung 2: Back-Spin-Aufschlag, dann frei (Neuner Übung) Übung 3: Side-Spin Aufschlag, dann frei (Neuner Übung) Übung 4: Alleine am Tischende stehen, den Ball mit Back-Spin von rechts nach links spielen parallel zum Tischende: Wer hält den Ball am längsten im Spiel? Back-Spin Aufschläge: Back-Spin Aufschläge so spielen, dass der Ball in Richtung Netz zurück rollt – wer schafft es?	30	70
	Abschnitt 3: Kaisertisch, direkter Punktgewinn mit eigenem Aufschlag zählt doppelt.	20	90

X. Thema: Aufschlag-Rückschlag, kurz-kurz, Eröffnung

Tabelle 40

Phase	Inhalt	Dauer	Zeit add.
Phase 2	Ball tippen und balancieren, Ball mit Schläger hochwerfen und mit dem Schläger auffangen. Rotationsübungen mit Ball und Schläger. Topspin gegen die Wand	20 min	30 min
Phase 3	Vor dem Einspielen: Zwei oder vier Kinder stehen etwa einen Meter neben den Netzpfosten und spielen sich den Ball diagonal zu (mit Wechsel).		
	Abschnitt 1: Einspielen: » VH-VH diagonal. » Beide Spieler spielen VH aus RH auf der RH-Diagonalen. » Ein Spieler VH parallel, ein Spieler RH parallel.	10	40
	Abschnitt 2: Übung 1: Langer Aufschlag, VH-Abwehr, VHT, frei (61 AR). Übung 2: 51 AR (Neuner Übung) Übung 3: 52 AR (Neuner Übung) Übung 4: 56 AR (Neuner Übung)	30	70
	Abschnitt 3: Kaisertisch	20	90

XI. Thema: VH-/RH-Wechsel (2)

Tabelle 41

Phase	Inhalt	Dauer	Zeit add.
Phase 2	*Abschnitt 1:* Übungen mit Plastikball: Abwechselnd rechts-links oder Handinnen-/Handaußenseite tippen und prellen, auch volley gegen die Wand. *Abschnitt 2:* Mit TT-Material: Tippen: Ständig zwischen VH und RH wechseln. Prellen: Zwischen VH und RH wechseln. Volley gegen die Wand mit Wechsel VH-RH oder mit Partner volley über die Bande mit Wechsel VH RH. *Abschnitt 3:* Wettkämpfe und kleine Spiele	20 min	30 min
Phase 3	*Abschnitt 1:* Einspielen: » VH-VH diagonal. » Beide Spieler spielen VH aus RH auf der RH-Diagonalen. » Ein Spieler VH parallel, ein Spieler RH parallel.	10	40
	Abschnitt 2: Übung 1: 34 O/W Übung 2: 27 O/W Übung 3: 33 O/W Eventuell reichen auch zwei dieser Übungen. Übung 4: Eine Übung Aufschlag-Rückschlag	30	70
	Abschnitt 3: Freie Wettkämpfe.	20	90

6.4.4 Trainingsplan für fortgeschrittene Spieler

Bei fortgeschrittenen Spielern entfallen Ballgewöhnung und alternative Spielformen. Es gibt aber einige Übungsformen, die immer an bestimmten Stellen der Trainingseinheit vorkommen sollten. Jede Trainingseinheit kann ein Thema haben. Die Themen setzen gute Spielfähigkeit voraus und unterscheiden sich von den Themen in den bisher vorgestellten Unterrichtseinheiten.

Beispiele für Themen:

- Angriff auf halblange Bälle/Spiel über dem Tisch
- Gegentopspin auf Bälle mit unterschiedlichen PTRF
- Die richtige Antwort auf schnelle Angriffsbälle finden (tischnah: Block, tischfern: Gegentopspin, als Notschlag: Ballonabwehr)
- Spiel gegen VH- oder RH-Dominanz
- Spiel gegen Abwehr bzw. Material
- Spieleröffnung aus der RH
- Aufschlag-/Rückschlagvariationen (mit/ohne Rotation, kurz, halblang, lang)
- Taktisches Spiel im Doppel
- Spiel gegen Linkshänder

Tabelle 42: Vorschlag für einen Trainingsablauf für fortgeschrittene Spieler

1. Aufwärmen Side-Steps, Kreuzschritte, Hopserlauf, Knie hoch, Hacken hoch, rückwärts laufen, auf einem Bein hüpfen; Bälle prellen, tippen, hochwerfen, dribbeln; kurze Sprints, Seilchen springen, Arme kreisen.	15 min	15min
2. Training am Tisch **Einspielen:** Diagonal und parallel, auch mit Topspin gegen Block. Die Spieler können sich auch selbstständig ohne Vorgabe des Trainers einspielen. Sollten Spieler dabei Spielformen ohne Tempo wählen, muss der Trainer eingreifen. **Übungen** » Regelmäßige Übung mit Wechseln. » Zwei Übungen zum jeweiligen Thema. » Eine Aufschlag-Rückschlag-Übung. **Wettkämpfe/Freies Spiel**	60	75
3. Konditionstraining » Kräftigung (besonders Rumpf) » Beweglichkeit.	15	90

6.5 Trainingsaufbau bei zu wenig Tischen

Wie lässt sich in einer Halle mit normalen Ausmaßen das Training an sechs Tischen mit etwa 25 Kindern organisieren?

1. In Doppelstunden sollte am Anfang etwa 30 Minuten Ballschulung stehen.

2. Beim anschließenden Training an den Tischen können vier Spieler gleichzeitig an einem Tisch spielen, je zwei Spieler spielen sich den Ball diagonal oder parallel zu; dabei sollten die Positionen am Tisch und die Partner gelegentlich gewechselt werden; als Wettkampfform sind Doppel möglich.

3. An einem Rundlauftisch können bis zu sieben Spieler trainieren. Beim Rundlauf mit Trainerzuspiel laufen die Spieler nach dem Spielen des Balles um den ganzen Tisch herum, günstig sind fünf Spieler, dann ist das Lauftempo gerade richtig, niemand scheidet aus, jeder Spieler zählt seine Fehler. Die beiden Spieler mit den wenigsten Fehlern können ein Endspiel machen.

4. Beliebt ist Tennis mit Tischtennismaterial, Tischtennisbanden ersetzen die Netze.

5. Am Ende der Trainingseinheit kann ein Doppeltunier mit Kaisertisch-Zählung stattfinden.

6. Am Ende Spiele wie Jägerball, bei denen alle mitmachen können.

Tabelle 43: Beispiel für eine effektive Nutzung der Halle mit sechs Tischen (für 26 Schüler)

Spielform	Anzahl der Spieler
Fußballtennis oder Prellball über Banden (falls zu viel Lärm entsteht, kann Tennis mit Tischtennismaterial gespielt werden, oder bei den Kleinen Volleyball mit Badebällen über Banden oder große Kästen	6
Ein Rundlauftisch (evtl. mit Zuspieler)	6
Zwei Doppeltische	8
Drei Einzeltische	6
	26

Die Gruppen sollten viermal die Station wechseln, sodass alle Spieler an jeder Station spielen können. Alternativ hierzu ist auch ein Zirkeltraining mit folgenden Stationen möglich:

Tabelle 44: Zirkeltraining

Spielform	Anzahl der Spieler
Rundlauf	6
Squash gegen die Wand	2
Doppel	4
Doppel: Spiel über die Bande	4
Ping-Pong Tisch	2
Normales Tischtennis	2
Spiel gegen hochgeklappten Tisch (Tisch-Boden)	2
1 Doppel am Grabentisch	4
	26

Als Variation kann an den normalen Tischen auch mit Brettchen oder mit Jumbo-Bällen gespielt werden. Nach zwei oder drei Minuten wird gewechselt. Zwei Spieler wechseln durchgehend gemeinsam zur nächsten Station. Beim Doppel bleiben die Spieler zwei, beim Rundlauf drei Durchgänge an der gleichen Station. Diese Trainingsform kann schon in den ersten Trainingseinheiten genutzt werden und ist geeignet für 45-minütige Sportstunden.

7 Balleimer, Roboter, Abwehr

7.1 Erste Übungen am Balleimer

Das klassische Balleimerzuspiel

Beim klassischen Balleimerzuspiel steht der Zuspieler neben dem Tisch. Normalerweise werden die Bälle mit der VH aus der RH-Seite eingespielt. Um unterschiedliche Winkel zu schulen, sollte die Position aber auch verändert werden. Am günstigsten ist es, wenn der Trainer die für eine Serie erforderlichen Bälle in die Hand nimmt (max. fünf) und diese zügig hintereinander weg spielt. Der Ball springt dabei von der eigenen Tischhälfte ab, bevor er getroffen wird. Bei Unterschnitt-Zuspiel wird er in der fallenden Phase getroffen; schnelle Zuspiele, die den Lernenden unter Druck setzen, sind am einfachsten, wenn der Ball am höchsten Punkt gespielt wird. Der Zuspieler sollte darauf achten, dass seine eigene Technik korrekt ist. Ansonsten übernimmt der Anfänger eine ungünstige Spieltechnik (Spiegelneuronen)[6], außerdem lernt er Schläge auf eingespielte Bälle, deren PTRF-Eigenschaften im Wettkampf kaum vorkommen (z. B. wenn der Zuspieler fast alle Bälle mit Side-Spin zuspielt).

Warum überhaupt Balleimertraining?

- Es können mehr Bälle pro Zeiteinheit gespielt werden. Das Training ist intensiver.
- Es werden Schläge oder Spielzüge automatisiert, dabei ist wichtig, dass die zugespielten Bälle optimale PTRF-Eigenschaften haben.
- Die Qualität des Zuspiels ist nicht von der Qualität der Schläge des Lernenden abhängig, Fehler des Lernenden unterbrechen das Training nicht, es muss nicht jedes Mal neu eingespielt werden. Der Trainer kann einzelne Schläge oder Serien zuspielen, die im normalen Spiel nicht zustande kommen.
- Wenn die Spielstärke des Trainers deutlich unter der des Lernenden liegt, ist das normale Training wenig sinnvoll – dann geht aber oft Balleimertraining. Auch spielschwache Trainer können ein gutes Balleimerzuspiel erlernen.

Ist Balleimertraining mit Anfängern sinnvoll?

- Der Zuspieler ändert seine Position am Tisch nicht, dadurch entfällt ein wesentlicher Teil der Orientierungsreaktion.
- Wenn mehrfach der gleiche Ball zugespielt wird, entfällt die Orientierungsreaktion ganz.
- Wird der Ball immer auf die gleiche Stelle gespielt, entfällt auch die Lokomotion des Lernenden.
- Der Ball, den der Lernende zurückspielt, hat keinen Einfluss auf den Ball, den der Trainer als nächstes einspielt.
- Solange die Technik nicht weit genug entwickelt ist, sollten keine Schlagbewegungen automatisiert werden.

---

6 Spiegelneuronen: Der Mensch ist das Wesen, das am besten durch Nachahmung lernen kann. In wenigen Minuten kann er sich einfache Bewegungsabläufe bei seinen Mitmenschen abgucken und selber erlernen. Selbst bei Erwachsenen, die ein Tischtennismatch beobachten, spiegeln die entsprechenden Neuronen die Bewegungsabläufe der Spieler wider. Dabei können diese Bewegungsabläufe übernommen werden (Klein 2008, S. 26–33).

- Die Spielstärke des Trainers ist im Anfängertraining deutlich höher als die des Lernenden, sodass der Trainer Länge und Qualität der Ballwechsel durch sein Zuspiel auch ohne Balleimer beeinflussen kann.

Fazit: In den meisten Fällen ist beim Einzeltraining mit einem Anfänger normales Zuspiel besser. Wir gehen davon aus, dass in den ersten Trainingswochen zunächst die Orientierungsreaktion und die Lokomotion automatisiert werden. In dieser Phase sollte kein Balleimertraining stattfinden. Die Automatisierung der Schlagtechniken durch Balleimertraining sollte erst erfolgen, wenn der Spieler bereits über eine gute Wahrnehmung des zugespielten Balles verfügt und sich rechtzeitig für den nächsten Schlag positionieren kann. Danach sollten Übungen gespielt werden, die sich von der Praxis wenig unterscheiden.

Das klassische Balleimerzuspiel eignet sich insbesondere, um das Angriffsspiel über dem Tisch zu automatisieren. Dies hat auch für das Erlernen des VHT enorme Vorteile, weil die Spieler häufig dazu neigen, von unten auszuholen und den Ball zu spät zu treffen. Bei einem Spin-Ball über dem Tisch muss der Ball früh und mit starkem Handgelenkeinsatz gespielt werden. Spielt man zunächst ein paar kurze Bälle ein und dann einen langen, übernimmt der Spieler häufig eine günstige Technik.

Bevor der Trainer den ersten Ball einspielt, muss der Lernende eine korrekte Neutralposition einnehmen. Wenn das nicht geschehen ist, gibt der Zuspieler dem Lernenden ein entsprechendes Zeichen, bevor er einspielt.

Falls bei schnellem Zuspiel die konditionelle Leistungsgrenze erreicht wird, muss rechtzeitig eine Pause eingelegt werden. Dann ist es günstig, wenn sich zwei Spieler am Tisch abwechseln, von denen einer immer Bälle aufsammelt. Es sollten am Balleimer nur Bälle eingespielt werden, die der Lernende einigermaßen richtig zurückspielen kann.

Natürlich können auch viele der zuvor beschriebenen Übungen statt am Tisch am Balleimer gespielt werden. Gerade die Übungen für das offene Spiel mit viel Beinarbeit und vielen schnellen Bewegungen sind sehr intensiv, auch hier sollten sich zwei Spieler abwechseln.

Wichtig: Spiele nicht mehr als vier Bälle auf eine Stelle, um eine „saubere“ Technik zu schulen. Tischtennis ist ein „schmutziges“ Spiel, erfolgreiche Spieler spielen überraschende Bälle.

Übungen mit normalem Aufschlag (Trainer = T, Lernender = L):

63. BE

Tr: Aufschläge mit wechselnden Tempi und Platzierungen
L: Rückschlag

Wichtig: Bei Spielern, die Schwächen in der Vor-/Zurück-Bewegung haben, können hier alle kurzen Aufschläge als Volley zurückgespielt werden. Das ist vor allen Dingen für die Spieler wichtig, die kurze Aufschläge oft zu spät annehmen.

64. BE

Tr: Wie 1, aber zusätzlich mit leicht wechselnden Rotationen
L: Rückschlag

65. BE
L: Aufschlag (Ballkiste bei L)
Tr: Rückschlag
L: Eröffnung oder kurz zurücklegen

Wichtig! Bei diesen Übungen muss der Trainer oft genug den Ballwechsel fortsetzen, damit L sich nicht angewöhnt, nach dem ersten (oder zweiten) gespielten Ball abzuschalten.

Übungen mit klassischem Balleimerzuspiel:

66. BE
Tr: Unregelmäßiges schnelles Einspiel mit VH aus RH auf die RH-Tischhälfte von L.
L: Entscheidung zwischen VH oder RH.

67. BE: Zurückspielen schneller Bälle (Tempo-Training).
Tr: Vier schnelle Bälle mit wechselnden Platzierungen.
L: Frühe und schnelle Reaktion auf die Bälle.

Bei Übungen mit schnellem Einspiel der Bälle mit hoher Frequenz ist es günstig, wenn der Zuspieler vor jeder Serie schon vier bis fünf Bälle in der Hand hat, die er schnell nacheinander spielen kann.

68. BE: Netznah eingespielte Bälle angreifen.
Tr spielt etwa vier Bälle netznah mit unterschiedlichen Platzierungen, dann einen schnellen langen Ball. Danach beginnt eine neue Serie.

69. BE
L soll netznah eingespielte Bälle mit leicht unterschiedlichen Rotationen mit Spin oder als Schupfball zurückspielen.

70. BE
Tr: Kurz mit Unterschnitt auf VH
L: Kurzer Sch auf RH
Tr: Langer Unterschnitt auf RH
L: RHT
Tr: Langer Ball auf TM
L: VHT

71. BE
Tr: Kurz in RH
L: Kurzer Sch auf VH
Tr: Lang mit Unterschnitt in VH
L: VHT (Eröffnung)
Tr: Lang mit etwas Oberschnitt auf VH oder RH
L: VHT oder RHT

72. BE
Tr: Kurz mit Unterschnitt über den ganzen Tisch
L: Kurz mit Unterschnitt
Tr: Lang mit Unterschnitt über den ganzen Tisch

L: VHT oder RHT (Eröffnung)
Tr: Lang mit etwas Oberschnitt über den ganzen Tisch
L: VHT oder RHT

73. BE
Tr: 1–3 Bälle kurz auf 2/3 VH
L: VH-Flip
Tr: 1–3 Bälle lang in 2/3 VH
L: VHT
Tr: 1 Ball in RH

74. BE
Tr: Unregelmäßige Bälle kurz oder halblang auf VH oder TM
L: VH-Flip oder VHT

7.2 Robotertraining – für Anfänger?

Im normalen Spiel beginnt die Orientierungsreaktion spätestens beim Spielen des eigenen Balles. Durch die PTRF-Eigenschaften dieses Balles ist der nächste Ball des Gegners teilweise definiert. Beim Robotertraining und auch am Balleimer besteht zwischen dem selbst gespielten Ball und dem nächsten eingespielten Ball kein Zusammenhang. Die Spieler können keinen Gegner beobachten, um rechtzeitig über einen erfolgreichen, also punktbringenden, Schlag zu entscheiden. Die fehlende Orientierungsmöglichkeit wird meist dadurch ausgeglichen, dass regelmäßige Übungen gespielt werden.

Bei etwas moderneren Geräten lassen sich jeweils für vier aufeinander folgende Bälle unterschiedliche PTRF einstellen. Auch völlig unregelmäßiges Einspielen ist programmierbar. Der Spieler muss dann während der Ballwechsel die Bewegungen des Auswurfrohres im Auge behalten, um rechtzeitig reagieren zu können. Bei bestimmten Einstellungen gibt es dadurch Probleme, dass für die gesamte gespielte Serie nur eine Frequenz eingestellt werden kann. Wenn dann nach einem langsamen Ball ein Ball mit viel Tempo eingestellt ist, ist dieser Ball zu früh da.

Vor dem Robotertraining sollte gründlich aufgewärmt werden, vor allem die Muskulatur im Schulterbereich, die bei den vielen schnellen Bewegungen stark belastet wird. Die Bewegung der Schulter wird durch die Muskulatur gesteuert, werden die Bewegungen ungenau, erhöht sich die Verletzungsgefahr. Da die meisten Schläge viel intensiver ausgeführt werden als im normalen Training, müssen rechtzeitig Pausen eingelegt werden. Dann sammelt der Spieler Bälle auf oder trainiert Aufschläge. Das ist in den Pausen beim Robotertraining besonders günstig, weil es in einer Erholungsphase passiert. Noch günstiger ist es, wenn sich zwei Spieler am Roboter abwechseln.

Es sollte möglichst praxisnah trainiert werden. Im Prinzip lässt sich am Roboter eine Trainingseinheit simulieren: Einspielen, regelmäßige Übungen, unregelmäßige Übungen, Verbesserung eines bestimmten Schlages, Rückschlag-Eröffnung-Offenes Spiel, Block gegen schnelle Bälle, Spiel gegen Bälle mit viel Spin, Topspin über dem Tisch ...

Wichtig ist, dass Frequenz und Platzierung immer so eingestellt werden, dass sich der Spieler nach einem Schlag sofort weiter bewegen muss.

Der Trainer sollte anwesend sein, vor allem dann, wenn der Lernende sonst allein im Raum wäre. Aber der Trainer sollte auch bei der Programmierung einer Übung dabei sein und zumindest die ersten Schläge beobachten. Auch sollte der Trainer darauf achten, dass möglichst viel variiert wird. Das heißt, nicht nur einfache Wechsel von VH auf RH zu üben, sondern die volle Bandbreite der möglichen PTRF zu nutzen (auch beim eigenen Schlag). Der Trainer kann auch während der Übungen kurze Korrekturen zurufen, wie „früher", „später", „bleib am Tisch", „mehr Spin", „Schnellere Bewegung"...

Ähnlich wie das Balleimertraining sollte auch das Robotertraining erst eingesetzt werden, wenn die Spieler sowohl Wahrnehmung und Reaktion als auch Spieltechnik einigermaßen entwickelt haben. Das größte Problem beim Roboter ist, dass die Anfänger nicht lernen, anhand der Aktionen des Gegners die PTRF-Kriterien des ankommenden Balles wahrzunehmen oder zu antizipieren.

8 Hilfen zum richtigen Spiel

Es soll innerhalb einer Systematik dargestellt werden, durch welche Mittel die Spielfähigkeit nach und nach gesteigert werden kann. Das geschieht nicht in allgemeiner Form, sondern meist bezogen auf bestimmte, häufig auftretende Schwierigkeiten. Wenn die richtigen Hilfen rechtzeitig eingesetzt werden, treten automatisierte Fehlbewegungen gar nicht erst auf.

Korrekturen, die als Korrekturen erkennbar sind oder sogar den Spielfluss unterbrechen, sind oft demotivierend für den Lernenden. Sie dürfen nicht zu häufig vorkommen und müssen kurz sein. Der jeweilige Spieler muss die Hilfen auch umsetzen können. Manche Spieler sind im Hinblick auf Korrekturen sehr empfindlich, einige sind recht tolerant. Vor allem die Wörter „nicht“ und „nein“ werden leicht als Strafreize wahrgenommen.

Die günstigsten Hilfen sind visuelle Hilfen, weil der Spielfluss nicht unterbrochen wird und die vom Zuspieler vorgemachte Bewegung direkt übernommen werden kann. Das visuelle Signal kann mit einer kurzen gesprochenen (auditiven) Hilfe gekoppelt werden. In schwierigeren Fällen sind mehr auditive Hilfen erforderlich. Vor allem im Anfängerbereich sind taktil-kinästhetische Hilfen wichtig, vor allem durch das Führen des Schlagarms. Darunter fallen aber auch Barrieren, die den Bewegungsumfang eingrenzen.

Allgemeine Regeln für Hilfen:

» Möglichst mit visuellem Signal gekoppelt.

» Kurz – ein bis vier Wörter.

» Eindeutig.

» Eine Änderung der Spieltechnik muss ausreichen (also nur eine Hilfe pro Hinweis).

» Korrekturen von Spielhandlungen, die nicht direkt vom Gegner beeinflusst werden, können ausführlicher sein (Neutralposition, Schlägerhaltung, Aufschläge ...).

» Positiv formulieren (was gemacht werden soll).

» Frage viel, antworte wenig.

» Kurze Hilfen sind auch während der Ballwechsel möglich

» Auch gelegentliches Lob nach einem guten Ball kann eine wichtige Hilfe sein.

8.1 Vom Spieler unbewusst wahrgenommene Hilfen

» Nutzung der Spiegelneuronen: Der Spieler lernt als Zuschauer bei Wettkämpfen, durch das parallele Spiel des Zuspielers oder Trainingspartners, der die Bälle spielt, die der Anfänger lernen soll. Und er lernt dadurch, dass ihm Übungen oder Schläge von guten Spielern vorgespielt werden, bevor er sie selbst übt.

» Änderung des Zuspiels:
  › halblang oder kurz bei zu tiefer oder zu großer Ausholbewegung,
  › erst auf RH spielen bei VH-Problemen bzw. erst auf VH bei RH-Problemen,
  › schnelleres Zuspiel bei zu großen Schlagbewegungen,
  › kurz oder besonders lang zuspielen bei fehlender Vor-/Zurück-Beinarbeit (oder häufig zwischen diesen beiden Möglichkeiten wechseln).

8.2 Hilfen, bei denen nichts schief gehen kann

Bei den nächsten beiden Hilfen (Änderung der Platzierung durch den Lernenden und den taktilen Hilfen) kann der Spieler nichts falsch machen.

» Änderung der Platzierung durch den Lernenden, z. B.:
 › VH parallel oder VH aus RH auf der RH-Diagonalen bei zu viel RH-Griff oder bei nach innen abgewinkeltem Handgelenk.
 › VH aus RH auf der RH-Diagonalen bei Scheibenwischer-VH.

» Taktile Hilfen:
 › Wettkampfmaterial. Die gute Rückmeldung ins Handgelenk bei Benutzung von Wettkampfmaterial erleichtert das Erlernen der Schläge.
 › VH aufkanten am Tischende auf VH-Seite, Ball parallel mit VH aus RH vorsichtig auf den Schläger spielen. Ebenfalls den Ball zuerst auf der eigenen Tischhälfte in der Mittelzone aufticken lassen.
 › VH mit Unterarmfessel (Die freie Hand fasst bei der VH den Schlagarm unterhalb des Handgelenks an, der Schlag wird beidhändig ausgeführt).
 › RH mit Oberarmfessel. Freie Hand greift von innen den Oberarm, so dass RH fast nur mit Unterarm und Handgelenk gespielt wird.

8.3 Unterschiedliche Arten von Hilfen

Es gibt sehr unterschiedliche Arten von Hilfen, von denen viele sowohl im Training als auch im Wettkampf gegeben werden können.

» Belohnende Hilfen: Nicken, Zuruf (*„ja“, „gut“, „genau so“, „klasse“, „Bravo“, ...*), Daumen nach oben zeigen, auf die Schulter klopfen.

» Hilfen, die sich auf die Spielweise insgesamt beziehen (*„locker“, „beweg dich“, „ruhiger“, „einfacher“, „sicherer“, „greif selbst zuerst an“, „pass besser auf“*).

» Einige Hilfen können vom Zuspieler auch während der Ballwechsel gegeben werden: *„jetzt“, „früher/etwas später“, „mehr beschleunigen“, „mehr Spin“, „schneller“.*

» Hilfen, die sich auf konkrete Spielhandlungen beziehen: *„Wenn der Ball lang auf deine Rückhand kommt, geh rechtzeitig einen Schritt zurück“, „Wechsel bei hohen Bällen auf die Vorhand.“*

» Ausführliche Erklärungen, für die das Training kurz unterbrochen wird, z. B. wenn dem Spieler erklärt wird, wie er Bälle mit hoher Flugbahn zurückspielen soll.

Alle Hilfen sind sehr kurz und eindeutig formuliert. Sie können zwischen oder während den Ballwechseln gegeben werden und auch, falls nötig, wiederholt werden. Die verbalen Hilfen können oft mit einem visuellen Signal gekoppelt werden und sollten so kurz wie möglich sein. Die eingeklammerten Wörter können weggelassen werden.

PTRF:

» (Spiel) nach vorne.

» (Spiel eine) höhere Flugbahn.

» Mehr Spin/achte auf den Sound.

» Ball streicheln/locker bleiben.

- Weit hinten platzieren.
- Spiel diagonal/parallel/auf E-Punkt.
- Spiel einen Notschlag.
- (Spiel) mehr/weniger Tempo.
- Denke „hoch“.

Balltreffpunkt:

- Früher/später, auf dem höchsten Punkt (der Flugbahn).
- Weiter neben dem Körper (bei VH), mehr vor dem Körper (bei RH) (siehe Technik-Erklärung, bei VH seitliche Beinarbeit wichtiger, bei RH Vor-Zurück wichtiger).
- Langer Ballkontakt.
- (Ball) streicheln, locker (bleiben).
- (Ball) weiter oben treffen.
- (Ball) über dem Tisch spielen.
- Mehr Handgelenk (einsatz).

Schlagbewegung:

- Schläger oben lassen.
- Der gesamte Körper locker (gleichzeitig vormachen, wichtigster Hinweis am Anfang).
- Bewegung kleiner/größer.
- (Schläger) etwas mehr nach oben (bewegen).
- Nach vorne (spielen).
- (Schlagbewegung) langsamer anfangen.
- Mehr beschleunigen (bis zum Balltreffpunkt).
- Mehr Handgelenk (Einsatz).
- Schlägerspitze soll nach dem RH-Schlag Richtung Netz zeigen.
- Schläger soll nach dem VH-Schlag etwa auf Augenhöhe sein.

Schlägerhaltung (möglichst mit zusätzlichen Zeichen):

- Schlägerspitze nach unten.
- Daumen und Zeigefinger müssen Beläge berühren, nur ein Finger auf RH-Belag.
- VH-Griff/RH-Griff.
- Schläger mehr öffnen/schließen.
- Schläger locker in der Hand halten, gleiten lassen.
- Schläger nicht nach vorne abwinkeln.

Position am Tisch:

» Bleib am Tisch.

» Etwas weg vom Tisch.

» Ran an den Tisch.

» Weg vom Ball.

» Neutralposition korrigieren (Steh tiefer/drei Winkel Stellung).

» Mehr seitliche Beinarbeit.

» Bleib überall locker.

» Belaste die Vorderfüße.

8.4 Ausführlichere Erklärungen während des Einzeltrainings (auch mit internalem Fokus)

Bei einigen Fehlern sollte das Spiel unterbrochen werden, weil etwas ausführlichere Erklärungen notwendig sind:

» Falsche Schlägerhaltung/ungünstig abgewinkeltes Handgelenk,

» Fehler bei der Neutralposition/falsche Position bei eigenem Aufschlag,

» überflüssige oder fehlende Beinarbeit,

» ungünstige Bewegungen des freien Arms,

» zu wenig Körpereinsatz insgesamt: Hüfte, freie Schulter, Dynamik,

» falsche Position am Tisch während der Ballwechsel/fehlende Beinarbeit:
  › Der Spieler bleibt bei lang in die RH gespielten Bällen nah am Tisch und hat keinen Platz, um den Ball etwas hochkommen zu lassen und in der Nähe des höchsten Punktes zurückzuspielen.
  › Bei der VH macht der Spieler den Arm lang und beugt seinen Oberkörper zur Seite, statt sich richtig für den Schlag hinzustellen.
  › Vor allem bei Bällen auf die Tischmitte bewegt sich der Spieler nicht ausreichend in die RH-Seite, wodurch der Ball mit VH zu nahe am Oberkörper getroffen wird. Für Anfänger stellen lange und schnelle Bälle auf den Ellbogen oder Körper ein besonderes Problem dar, da sich der Spieler hier sehr schnell entscheiden, die richtige seitliche Beinarbeit machen und auch noch die richtige Schlagbewegung ausführen muss. Auf diese Bälle ist es für Anfänger oft günstiger, RH zu spielen.
  › Von Anfang an muss darauf geachtet werden, dass der Anfänger nach einer aus der RH-Ecke gespielten RH nicht beim nächsten Ball mit der RH Richtung Tischmitte wandert, sondern auf VH wechselt. Das gilt für alle Trainingssituationen, auch für das Einspielen oder Übungen mit Topspin auf RH-Block.
  › Beinarbeit auf hohe/halbhohe und relativ langsame Bälle: Solche Bälle werden immer mit der VH gespielt. Der Spieler muss sich etwas vom Tisch weg bewegen.

8.5 Die klassische Fehlerkorrektur

Oft ist es günstiger, eine alternative Spielform zur Korrektur der Fehler vorzuschlagen.

Bei Spielern, deren Ausbildung nicht besonders gut war oder die als Hobbyspieler angefangen haben, deren Spielfähigkeit aber schon relativ weit entwickelt ist, gibt es häufig keine Alternative zur herkömmlichen Fehlerkorrektur. Diese Spieler verlieren die Lust, wenn sie nicht normal am Tisch trainieren können. Für sie haben wir die folgende Liste zusammengestellt. Bei vielen dieser Hilfen sind auch visuelle Zeichen möglich, die auf jeden Fall genutzt werden sollten.

1) (–) Schläger wird nur am Griff gehalten.
   (+) Daumen und Zeigefinger sollen das Schläger-Gummi mindestens berühren.

2) (–) Daumen zeigt senkrecht nach oben.
   (+) Daumen über Griffschale, bei VH-Griff nach unten, bei RH-Griff etwas rauf.

3) (–) Schlägerspitze zeigt bei Angriffsbällen in der Ausholphase nach oben.
   (+) Schlägerspitze nach unten.

4) (–) Schlägerspitze zeigt in NP nach oben oder unten.
   (+) Schlägerspitze in NP, vormachen.

5) (–) Handgelenk nach innen abgewinkelt.
   (+) Problem erklären, richtige Position vormachen.
   (+) Platzierung ändern, z. B. VH parallel oder VH aus RH diagonal spielen lassen.

6) (–) Ellbogen zeigt bei VH nach hinten (schwieriger Fall).
   (+) Durch taktile Hilfe plus Erklärung oder Üben des Wechsels zwischen VH-/RH-Griff evtl. durch Ping-Pong oder durch Ball auf den Boden prellen.

7) (–) Oberarm dicht am Körper bei VH oder bei NP.
   (+) Bei VH muss der seitliche Abstand zum Ball groß genug sein.
   (+) Die NP muss immer wieder korrigiert werden.

8) (–) Scheibenwischer-VH.
   (+) VH aus der RH-Seite diagonal auf RH spielen lassen.

9) (–) Grobe Beinarbeitsfehler, z. B. eingesprungene VH oder Mitziehen des rechten Beins beim VH-Schlag oder „Stampfer“ bei RH oder Schupf.
   (+) Verbaler Hinweis, z. B. „Wenn du den Ball triffst, müssen beide Füße Bodenkontakt haben“, bei Stampfer: „Beweg dich wie eine Katze.“

10) (–) RH links neben dem Körper (Tennis RH).
   (+) Spiel die RH vor dem Körper.

11) (–) Geangelte VH, der Spieler neigt den Oberkörper weit zur Seite, statt mehr Beinarbeit zu machen.
   (+) Hinweis auf die erforderliche Beinarbeit.

12) (–) Vor Balltreffpunkt über dem Tisch geht der Schläger nach unten.
(+) „Lass den Schläger oben. Geh sofort zum Ball.“ Sofort üben!

13) (–) Abweichung von der „Hohe-Bälle“-Regel.
(+) Erinnerung an diese Regel. 1. Grundsätzlich VH; 2. Schläger nach oben; 3. weit genug neben dem Ball stehen. Evtl. gleich üben.

14) (–) Fehlende Rückwärtsbewegung bei langen Bällen, vor allem auf RH-Schupf.
(+) „Geh einen Schritt zurück und lass den Ball hoch kommen, bevor du ihn triffst.“

15) (–) Bei RH-Scheibenwischer, Schlagbewegung geht zur Seite statt nach vorne.
(+) „Nach dem Schlag soll deine Schlägerspitze Richtung Netz zeigen.“

16) (–) Zu große Schlagbewegung auf schnelle Bälle.
(+) „Nimm Tempo und Spin des ankommenden Balles in den eigenen Schlag. Dazu reicht eine kleine Schlagbewegung.“ Wenn du als Zuspieler schnelle Top-Spins kannst, dann lass deinen Spieler auf deine mehr oder weniger schnellen Top-Spins reagieren. Viele Anfänger können das recht früh und haben dabei viel Spaß, der Trainer auch.

17) (–) Zuviel Tempo in Notschlägen bei Balltreffpunkt in der fallenden Phase.
(+) „Spiel eine hohe Flugbahn, damit dein Ball drauf geh, platziere den Ball weit hinten.“

18) (–) Schläger wird bei VH nach vorne geklappt.
(+) „Wenn du den Schläger klappst, ist der Ball längst weg.“ Taktile Hilfe und Schattenbewegung. Hilfreiche Übung: Grabentisch, Tischtennis über Banden oder den Ball vor dem Schlag zweimal aufspringen lassen – zuerst auf dem Tisch, dann auf dem Hallenboden.

19) (–) Schlagbewegung wird zu früh abgebrochen.
(+) Übungen zur Korrektur: Grabentisch, Ball vom Boden abspringen lassen, Spiel aus der Halbdistanz, VH gegen ziehen, Tennis mit TT-Material über Bande.

20) (–) Technisch gute Spieler spielen mit zu wenig Power.
(+) Grabentisch über zwei quergestellte Tische.
(+) Tennis mit TT-Material über Bande.
(+) Tempo-Übung am Balleimer.

21) (–) Netznah geschupfte Bälle steigen hoch.
(+) Mit nur ganz leicht geöffnetem Schlägerblattwinkel zum Ball gehen, ausführlich erklären und gleich üben.

9 Wettkampf und Coaching

9.1 Grundsätzliche Gedanken zum Thema Wettkampf

„Konzentriere dich immer auf den nächsten Punkt."
(Bo Persson, TT-Weltmeister mit dem schwedischen Team, bei einem Lehrgang im schwedischen Falkenberg)

TT-Wettkämpfe sind eigentlich mit positiven Gefühlen gekoppelt, sie gehören zu den beliebtesten Freizeitaktivitäten. Auch im Vereinstraining sind Wettkämpfe die beliebteste Trainingsform. Die Hilflosigkeit in bestimmten Wettkampfsituationen wird von den meisten Spielern erst im Laufe ihrer Entwicklung erlernt. Ursache können persönliche Merkmale sein wie hohe Gewissenhaftigkeit, zu viel Ehrgeiz, Angst vor Misserfolgen oder Einflüsse aus dem Umfeld, z. B. zu hoher Erwartungsdruck oder ungünstige Reaktionen auf Niederlagen. Die Spieler von Anfang an so auf Wettkämpfe einzustellen, dass solche Effekte nicht eintreten, ist eine der schwierigsten Aufgaben für einen Coach, vor allem dann, wenn Kinder in die Leistungsschiene gehen; hier ist der Erwartungsdruck oft sehr hoch.
„Wenn du versuchst, jeden Schlag bewusst zu steuern, verkrampft deine Muskulatur, deine Ausholbewegungen werden starr, deine Körperbewegungen unkoordiniert, deine Zähne beißen aufeinander und deine Wangenmuskeln verkrampfen.
Oft haben wir im Training Vertrauen zu unserem Körper und sind locker, weil unser Ego weiß, dass es nicht so drauf ankommt, aber sobald der Wettkampf beginnt, übernimmt das Ego die Kontrolle. Je wichtiger der Punkt, desto mehr wird es versuchen, die Schlagbewegung zu kontrollieren, und genau dann tritt die Verkrampfung ein. Das Ergebnis ist fast immer frustrierend." (Gallwey 1975, S. 42).

Um einen TT-Schlag sicher auf den Tisch des Gegners spielen zu können, müssen beim Spieler sehr viele unterschiedliche Prozesse gleichzeitig ablaufen, und zwar unter hohem Zeitdruck: Wahrnehmung der Aktionen des Gegners, der PTRF-Eigenschaften des zu spielenden Balles, rechtzeitige (Auswahl-)Entscheidung für den eigenen Schlag und dessen erfolgreiche Ausführung, und das alles in Bruchteilen von Sekunden.

Das geht nur,

- wenn der Kopf frei ist von störenden Gedanken,
- wenn der ganze Körper locker ist,
- wenn die meisten Spielhandlungen automatisiert sind,
- wenn sich der Spieler auf diese Automatismen verlässt.

Der Spieler muss Vertrauen zu seinen Fähigkeiten haben; das geht nur, wenn er seine Fähigkeiten richtig einschätzt (Regulierung des Anspruchsniveaus). Das heißt nicht, dass er gegen einen stärkeren Gegner von vorneherein aufgibt, er sollte wie in jedem Wettkampf dem Grundsatz folgen:

„Spiel immer den besten für dich möglichen Ball."

9.2 Das Wettkampfverhalten

Auf die Einhaltung der folgenden Regeln sollte sich die Trainingsgruppe bzw. der ganze Verein einigen, weil Spieler der Seniorenmannschaften oder erfolgreicher Nachwuchsmannschaften von den übrigen Spielern des Vereins nachgeahmt werden. Besonders gilt das für die Trainer selbst. Folgende Regeln können gelten:

» Alles, was außerhalb der Box passiert, ist nicht vorhanden.

» Frustreaktionen wie Schlägerwerfen, Tritte gegen Tisch oder Bande sind tabu.

» Der Spieler feuert sich selbst an oder sagt sich vor, was er im nächsten Ballwechsel besser machen will. (Greif selbst an, beweg dich, trau dich, Vorhand, bleib locker, konzentrier dich ...)

» Nach Fehlern macht er manchmal die korrigierte Schlagbewegung als Schattenbewegung.

» Auf Provokationen des Gegners oder der Zuschauer reagiert er nicht.

» Gespräche mit dem Gegner oder dem Schiedsrichter werden ruhig und sachlich geführt, auch bei Meinungsverschiedenheiten.

Wenn ein Spieler mehrere Punkte hintereinander verloren hat, sollte er selbst seinen Aufschlag etwas verzögern und sich mehr konzentrieren, wenn möglich die Handtuchpause nutzen. In spielentscheidenden Situationen sollte eine Auszeit genommen werden. Wie alle wichtigen Dinge muss auch das Coachen in Trainingswettkämpfen eingeübt werden. Dazu gehört auch, dass ein Handtuch mit in die Box genommen wird.

Auch der Coach achtet während des Spiels auf sein Verhalten:

» Permanenten Blickkontakt zum Spieler vermeiden.

» Bei schlechten Phasen auf Rufe wie „Konzentrier dich endlich!“ verzichten, diese haben häufig einen demotivierenden Beigeschmack. Will man einen Spieler „wachrütteln“, ist das Time-Out sinnvoller.

» Bei guten Bällen – vor allen Dingen bei taktisch gut gespielten Bällen – den Spieler anfeuern, ihn dadurch darauf aufmerksam machen, dass er den richtigen Ball gespielt hat.

» Guckt der Spieler doch mal zum Coach, möglichst selbst Konzentration und Optimismus ausstrahlen – aber nicht übertreiben.

Spieler müssen außerdem lernen, mit Druck- und Stresssituationen umzugehen. Es gibt sehr einfache Möglichkeiten, wie der Stress während des Coachings abgebaut werden kann. Diese betreffen aber vor allem den allgemeinen Umgang von Trainer und Spieler untereinander:

» Die Trainer sollten den Spieler bereits aus ihrem Training kennen und sich ihm gegenüber sachlich, freundlich und nicht autoritär verhalten.

» Der Trainer kennt die Stärken und Schwächen seines Spielers, möglichst aus vorherigen Spielen auch die des Gegners.

» Unnötiger Druck – „ Du fliegst aus dem Kader“ – sollte möglichst vermieden werden.

Gerade um das Training der Schützlinge individualisieren zu können und entscheidende Schwächen zu sehen, ist es unbedingt erforderlich, dass Trainer ihre Spieler im Wettkampf begleiten und beobachten. Ist dies nicht möglich, so sollte während des Trainings mit den Spielern über ihre Stärken und Schwächen im letzten Wettkampf gesprochen werden.

9.3 Coaching in Satzpausen und Time-Out

In den Satzpausen und während eines einmaligen Time-Outs, das jederzeit genommen werden kann, hat der Trainer jeweils eine Minute Zeit, seinen Spieler zu coachen. Wichtig hierbei sind je nach Spielverlauf, Persönlichkeit und Spielsituation (gewonnene/verlorene Sätze, Punktestand bei Time-Out) taktische, motivierende, beruhigende oder aufmunternde Hinweise. Soziale und emotionale Faktoren sind häufig wichtiger als taktische Anweisungen (vgl. Spitzer 2004). Kommunikative Grundregeln lauten:

- Optimistisch, freundlich, ruhig auftreten und kommunizieren.
- Hinweise immer positiv formulieren – Negativ-Sätze unbedingt vermeiden.
- Zuhören, Fragen stellen, auf Anregungen der Spieler eingehen.

Gerade junge Spieler verkraften den Wettkampfstress teilweise schlecht, auf zusätzlichen Druck reagieren sie äußerst sensibel. Der Coach geht auf die Spieler ein, reicht eine Trinkflasche und hört zunächst gut zu, gegebenenfalls eröffnet er das Gespräch mit einer Frage an den Spieler, z. B. : „Was war dein bester Ball?“

Mit der Zeit wird jeder Spieler seine eigenen Vorlieben beim Coachen entwickeln. Der eine mag es überhaupt nicht, gecoacht zu werden und will nicht, dass ihm einer reinquatscht; der andere braucht einen eher lautstarken Coach, der ihn von der Trainerbank aus motiviert. Gerade auf solche individuellen Merkmale sollten Trainer sich einstellen. Die eigenen Eigenschaften können – und sollen – dabei nicht vernachlässigt werden. Gerade bei Spielern, die ein problematisches Wettkampfverhalten haben, wird die soziale Kompetenz von Trainern immer wieder vor große Herausforderungen gestellt. Manchmal ist die einzige sinnvolle Lösung, dass der Spieler von einem anderen Coach betreut wird.

Während des Spiels sind einige Spieler nur schwer in der Lage, taktischen Anweisungen zu folgen. Andere Spieler können auch während des Spiels ihr Spielsystem umstellen und Ratschläge des Coaches rasch umsetzen. Allerdings sollten sich die Ratschläge immer auf maximal drei beschränken, mehr kann kein Spieler umsetzen. Die Ratschläge sollten sich auf die PTRF-Kriterien konzentrieren. Technische Korrekturen sind während des Wettkampfstresses kaum umsetzbar, macht ein Spieler bei einem bestimmten Ball zu viele Fehler, sollte er diesen Ball nicht mehr oder seltener spielen. Technische und taktische Defizite merkt sich der Coach, um dann gezielt – vor allem im Einzeltraining – daran zu arbeiten.

9.4 Taktische Hinweise – VH-/RH-Dominanz

Da es für das Coaching zentral ist, sollen hier die Strategien für das Spiel gegen VH-/RH-Dominanz dargestellt werden. In der konkreten Spielsituation ist es durchaus möglich, dass Abweichungen zur vorgenommenen Schematisierung vorkommen, auch können andere Hinweise bezüglich Spin- oder Tempovariationen, einhergehend mit einer andern Flugbahn in vielen Spielsituationen wichtiger sein: Jeder Wettkampf hat seine eigenen Besonderheiten. Jedem taktischen Hinweis liegen allerdings die gleichen Fragen zugrunde:

Welche Bälle des eigenen Spielers führen zum Punktgewinn, welche zum Punktverlust?

Welche Bälle des Gegners führen zum Punktgewinn, welche zum Punktverlust?

Wie kann ich dies im Spiel ausnutzen?

Das Coaching zielt also darauf ab, die eigenen Stärken sowie die Schwächen des Gegners häufig zu nutzen und möglichst die eigenen Stärken einzusetzen und die Stärken des Gegners nicht ins Spiel kommen zu lassen. Taktische Hinweise beziehen sich auf die PTRF-Kriterien, sowohl auf die Schwächen des Gegners, wie zum Beispiel die Platzierungsvorgabe: „Halte ihn auf der Rückhand!" Aber auch auf die eigene Spielweise: „Greif nach deinem eigenen Aufschlag möglichst mit deiner VH an."

Am einfachsten umzusetzen sind Hinweise für das Aufschlag-/Rückschlagspiel, insbesondere Hinweise für den eigenen Aufschlag, da dieser ohne Zeitdruck ausgeführt wird und von daher bewusst geplant werden kann. Im offenen Spiel können am ehesten Korrekturen bezüglich der Platzierung befolgt werden (Krämer 2001b).

Für das Coaching gegen VH/RH dominante Spieler gilt:

» Schwachstellen bei VH-dominanten Spielern sind die RH-außen und die tiefe VH. Wichtig ist, dass tatsächlich die Ecken angespielt werden, von der TM bzw. aus der RH-Seite ziehen VH-dominante Spieler häufig die besten Bälle. Der Gegner muss beobachtet werden: Sobald er umläuft, kommt der Ball in die tiefe VH.

» Schwachstellen bei RH-dominanten Spielern: RH-dominante Spieler haben häufig Probleme mit der VH gegen viel Unterschnitt zu eröffnen, meist wird die VH mit Side-Spin diagonal gespielt. Häufig wandern RH-dominante Spieler mit der RH Richtung TM, wodurch ein Loch in der tiefen RH entsteht. Setzen Spieler ihre RH bei kurzen Aufschlägen in die VH ein, so stehen sie bei einem folgenden Ball in die tiefe VH sehr ungünstig.

» Bei VH-dominanten Spielern liegt der E-Punkt[7], also der Punkt, auf dem sich der Spieler unsicher ist, ob er VH oder RH spielen soll, weiter in der RH-Seite. RH-dominante Spieler entscheiden sich auch noch jenseits der Tischmitte für ihre RH. Hier gilt es den schwachen E-Punkt herauszufinden und anzuspielen.

Als Aufschlagtaktiken gegen VH-Dominanz gelten (vgl. Adomeit 1992a/b):

» Kurzer Aufschlag in VH, dann kann der VH-dominante Spieler häufig mit dem nächsten Ball auf seiner schwachen RH lang angespielt werden.

» Langer Aufschlag mit wegdrehendem Side-Spin in RH (Achtung, problematisch wenn gegen Linkshänder aus der eigenen RH-Ecke parallel aufgeschlagen wird, da der Linkshänder dann schneller umlaufen kann). Mit diesem Aufschlag wird der Spieler direkt auf seiner schwachen Seite attackiert. Allerdings muss der Gegner stets beobachtet werden, umläuft der Gegner und zieht mit seiner VH einen Topspin, muss der Aufschlag noch stärker über die RH-Seite gespielt werden.

» Langer Aufschlag auf die tiefe VH: Dieser muss aber sehr schnell und überraschend sein, ansonsten bringt man den Rückschläger direkt mit seiner VH ins Spiel. Der Aufschlag hat auch einen psychologischen Vorteil, schließlich verunsichert man den VH-dominanten Spieler beim Umlaufen seiner eigenen RH. Nach einem Ball in die tiefe VH wird der nächste Ball auf die schwächere RH-Seite platziert.

---

[7] Als E-Punkt bezeichnet man den Entscheidungspunkt, der etwa auf dem Ellbogen liegt. Hier muss der Spieler entweder umlaufen und VH spielen oder etwas mit der RH Richtung Tischmitte wandern.

Rückschläge gegen VH-Dominanz:

» Auf kurze Aufschläge kann der Ball kurz in die VH gelegt werden, häufig kommen, gerade kleinere Spieler, die weit in der RH stehen, um möglichst oft VH zu spielen, zu spät an diesen Ball. Erreichen sie den Ball, haben sie kaum eine Chance, ihre VH einzusetzen, wenn sie danach auf der RH angespielt werden.

» Auf kurze Aufschläge kann aber ebenso wie auch gegen (halb-)lange Aufschläge ein aggressiver Rückschlag (Schupf, Flip) auf eine der beiden Ecken erfolgen. Wichtig ist es, den Gegner dabei stets im Auge zu behalten.

Aufschläge gegen RH-Dominanz:

» Kurz in VH: RH-dominante Spieler haben Probleme, kurze Bälle mit der VH zu spielen und wandern deshalb häufig mit der RH in die kurze VH, hierdurch öffnen sie ihre RH, können aber vor allem „gegen den Lauf" (Schimmelpfennig, 2011, S. 36f.) in der VH ausgespielt werden.

» Mit Linksdrall in halblang oder auch lang in die TM: Der RH-Spieler spielt häufig auch auf der TM RH, muss diese dann aber häufig in einer ungünstigen Position neben dem Körper spielen. (Östh/Felke 1995, S. 95)

Rückschläge gegen RH-Dominanz:

» Als Rückschläge bieten sich ähnliche Platzierungen an. Kurz in VH, um den Spieler aus seiner RH Ecke zu locken.

» Aggressiv auf den E-Punkt oder in die tiefe VH.

Welche Strategien bieten sich für VH-dominante Spieler an, die selbst mit der VH ins Spiel kommen wollen?

» Solange der Gegner den VH-dominanten Spieler nicht über die weite VH ausspielt, kann kurz in VH aufgeschlagen werden, um selbst mit der VH ins Spiel zu kommen.

» Nutzt der Gegner das Winkelspiel aus, oder legt er die kurzen Aufschläge häufig kurz zurück, so kann verstärkt halblang über die TM aufgeschlagen werden.

» Im Anfängerbereich können die Rückschläge häufig aggressiv und lang in die VH des Aufschlägers gespielt werden, wenn dieser nicht über einen starken VHT verfügt.

» Kurze Aufschläge werden kurz in VH zurückgelegt, solange der Gegner den nächsten Ball nicht tief in die weite VH platziert.

Welche Strategien bieten sich für einen RH-dominanten Spieler an, der mit seiner RH ins Spiel kommen will?

» Lange schnelle Aufschläge über die RH-Seite des Gegners, solange dieser über keinen starken RHT verfügt und nicht umläuft, um VH aus RH zu spielen.

» Kurze Aufschläge in RH, halblange Aufschläge in TM.

10 Tischtennis in der bewegungsfreudigen Schule

Die Beziehungen zwischen Lernen und Bewegung lassen sich aus drei verschiedenen Perspektiven betrachten (Beudels 2007, S. 168):

- Bewegung als Mittel der Gesunderhaltung;
- Bewegung als Medium von Entwicklung und Lernen;
- Bewegung als Lerngegenstand selbst.

Hinzu kommt soziales Lernen, wenn die Kinder miteinander spielen oder anderen beim Spiel zusehen. Alle vier Ziele sind bei der Rhythmisierung des Lernalltages von Schülern wichtig, und zwar sowohl bei den Bewegungspausen im Unterricht, bei den bewegten Pausen auf dem Schulhof zwischen den Unterrichtsstunden als auch in den Aktivierungs- und Mobilisierungsphasen zu Beginn des Sportunterrichts.

Es gibt in Schulen vier Bereiche, in denen Tischtennis bzw. Ballschulung sinnvoll und möglich ist (nach: Mayr/Schnabel 2010a, S. 51).

Räume	Art der Nutzung
Unterrichtsräume	Rhythmisierung des Unterrichts; Unterstützung des Erreichens kognitiver Lernziele
Turnhalle	Ballschulung; Training; Wettkämpfe
Flure, Pausenhalle, Schulhof, ungenutzte Räume	Freies Spiel, kleine Turniere
Klassenfahrten, Schulveranstaltungen (etwa Schulfeste)	Freies Spiel, kleine Turniere, Training mit Gästen (z. B. Eltern), Vorführungen

In allen vier Bereichen kann Tischtennis gespielt werden, dabei können die beschriebenen Ziele erreicht werden. Dazu ist es wichtig, dass das richtige Material vorhanden ist.

10.1 Material

Neben den bereits beschriebenen Materialien für den Einsatz in der Sporthalle bieten sich in der Schule weitere Spielmöglichkeiten an, für die besondere Materialanforderungen gelten.

Der „Aufforderungscharakter“ von Tischtennis ist sehr hoch. Wenn das richtige Material vorhanden ist, trainieren viele Kinder intensiv; bei falschem, fehlendem oder defektem Material kühlt das Interesse schnell ab.

Erforderliches Material im Klassenraum:

- Für jeden Schüler ein Schläger (evtl. Brettchen wegen der geringen Kosten);
- für jeden Schüler einen gelben Ball;
- große und kleine Joghurtbecher zum Auffangen gespielter Bälle;

- mindestens fünf Badebälle;
- Blasrohre, die auch als Jonglierstöcke nutzbar sind (evtl. mit Kappen);
- gebrauchte und aussortierte Tennisbälle oder Jonglierbälle für Jonglierübungen.

Es gibt inzwischen für zehn Euro Schläger mit Wettkampfzulassung. Eine Aktion „Jedem Kind ein Tischtennisschläger“ ist also nicht nur sinnvoll, sondern auch realisierbar.

Notwendiges Material im Freizeitbereich:

Im Freizeitbereich geht es in erster Linie um Sicherheit, Robustheit (Haltbarkeit) und evtl. Diebstahlsicherheit. Günstig ist es, wenn die Tische fest installiert sind; es gibt „Netze“ aus Metall, die eigentlich für Steintische vorgesehen sind, aber auch an normalen Holztischen montiert werden können.

Steintische im Außenbereich sind ungünstig, weil der Ball völlig anders abspringt; besser sind wetterfeste normale Tische, für die allerdings eine Überdachung benötigt wird.

Notwendiges Material für Klassenfahrten:

Auf Klassenfahrten sollten zwei Netze einige Schläger und TT-Bälle mitgenommen werden. Damit trotzdem Tischtennisunterricht in der Schule noch stattfinden kann, sollten etwa 40 Schläger vorhanden sein und einige zusätzliche Netze.

Im Sportunterricht können die bereits in Kapitel 5.8 beschriebenen Materialien eingesetzt werden.

10.2 Unterrichtsräume: Rhythmisierung des Unterrichts

Unterbrechungen des Unterrichts, in denen gezielte Bewegungsübungen gemacht werden (‚Bewegungspausen‘), dienen nicht nur dem Ausgleich einseitiger körperlicher Belastungen, sondern steigern zudem die Konzentrationsfähigkeit der Schüler. Als Richtzeiten für konzentrierte Mitarbeit im Unterricht gelten (vgl. Klimt 1981):

15 Minuten bei 5- bis 7-Jährigen

20 Minuten bei 7- bis 10-Jährigen

25 Minuten bei 10- bis 12-Jährigen

30 Minuten bei 12- bis 15-Jährigen

Übungen für Bewegungspausen

Übungen mit „Tischtennismaterial und/oder Joghurtbecher“

Allein:

- In jeder Hand ein Joghurtbecher, in einem liegt der Tischtennisball, Ball hochwerfen und mit dem anderen Becher auffangen, dann hin und her.
- Mit Joghurtbecher und TT-Schläger:
  Ball liegt im Joghurtbecher, wird etwas nach oben geworfen, Ball mit Tischtennisschläger annehmen und 2–4 x tippen, Ball mit Joghurtbecher auffangen.

Variation: Schläger und Joghurtbecher wechseln die Hand.

» Ball mit der „falschen“ Hand auf dem Schläger tippen oder balancieren, dabei langsam durch den Raum gehen (evtl. rückwärts).

» Beim Tippen nach jedem Schlag die Schlägerseite wechseln oder den Schläger in die andere Hand nehmen. Rhythmisiert: z. B. 2 x VH-Seite/2 x RH-Seite o. 1 x linke Hand/3 x rechte Hand ...

» Der Spieler sitzt auf seinem Stuhl, nach ein paar Mal Tippen, spielt er den Ball in die Höhe, steht auf, tippt im Stehen weiter, spielt wieder nach oben, setzt sich. Bei dieser Übung kann auch ein Rhythmus vorgegeben werden, etwa dass jeder fünfter Ball in die Höhe gespielt werden muss.

» Die Spieler gehen langsam kreuz und quer durch den Raum und tippen den Ball. Zwischendurch lassen sie den Ball vom Boden, von einem Tisch oder von der Wand abspringen.

Mit Partner(n):

» Mit Partner, jeder hat zwei Becher, ein Spieler hat den Ball im Becher.
Dem Partner aus dem Becher den Ball zuwerfen, der fängt ihn mit seinem Becher auf und wirft ihn in seinen zweiten Becher. Nun spielt er den Ball seinem Partner zu, der fängt den Ball mit einem Becher auf, wirft ihn in seinen zweiten Becher ...

» Nach zwei- bis fünfmal Tippen wird der Ball einem Partner zugespielt, der ihn mit dem Schläger annimmt, ebenfalls zwei- bis fünfmal tippt und dann zurückspielt.

» Im Klassenraum bilden ein Tisch und der Boden das Spielfeld. Der Ball muss jedesmal auf dem Tisch und dem Boden abspringen, bevor er zurückgespielt werden darf. Auf jeder (Längs)Seite des Tisches spielen zwei Spieler abwechselnd den Ball zurück.

» Vier Spieler sitzen auf dem Boden. Zwei sitzen sich auf der Längsseite des Tisches gegenüber, von wo sie den Ball allen drei Partnern zuspielen können; zwei sitzen vor den Enden des Tisches, sie können nur den beiden Partnern rechts und links zuspielen. Der Ball wird mit dem Schläger so gespielt, dass er über den Boden rollt ohne zu hüpfen. Es gilt die Regel, dass der Ball nicht dem Spieler zugespielt werden darf, von dem der Ball kommt. Etwa nach einer Minute rücken alle Spieler einen Platz weiter.

Übungen mit Badebällen im Klassenraum oder in Fluren bzw. auf Freiflächen (es sollten etwa fünf Badebälle vorhanden sein):

» Es werden bis zu fünf Bälle gleichzeitig hochgeworfen und dann möglichst lange in der Luft gehalten. Alle Schüler/innen sind beteiligt. Bälle, die den Boden berührt haben, werden aus dem Spiel genommen.

» Erschwerung: Alle Schüler/innen befinden sich in der Nähe der Wände. Die Bälle sollen in einer Kreisbahn gespielt werden. Am besten wird zunächst mit einem Ball angefangen.

» Je etwa fünf Spieler stehen im Kreis und halten einen Ball im Spiel. Wenn mehrere Gruppen gleichzeitig anfangen, kann ein Gewinner ermittelt werden.

» Wieder sollen mehrere Bälle von der ganzen Klasse oben gehalten werden. Jetzt dürfen sie nur mit dem Kopf gespielt werden.

» Die gleiche Übung, aber es darf nur mit einer Hand gespielt werden, und zwar mit der „falschen“.

- Je fünf Spieler müssen den Ball möglichst lange hochhalten. Es gilt zusätzlich die Regel, dass ein Spieler den Ball erst dann zum zweiten (dritten, vierten, ...) Mal spielen darf, wenn alle anderen einmal dran waren.

10.3 Übungen in der Turnhalle und im Klassenraum zum Erreichen kognitiver Lernziele

In Turnhallen orientiert sich der Trainingsablauf an dem bereits geschilderten Konzept in den vorigen Kapiteln. Allerdings können im Sportunterricht, vor allem in der Grundschule, spezielle Übungen zum Erreichen kognitiver Lernziele (zum Beispiel Einmaleins) gespielt werden. Alle Übungen mit Tischtennisball und Schläger können auch im Klassenraum gespielt werden.

Wechsel zwischen Vorhand- (V) und Rückhandseite (R) des TT-Schlägers, z. B. einmal Vorhand, zweimal Rückhand.
VRR / VRR / VRR / ...
VVR / VVR / VVR/ ...
VRR VVR / VRR VVR / VRR VVR /.... (schwierig)

- Beim Prellen der Plastikbälle entsteht der Rhythmus durch Wechsel zwischen rechter (r) und linker (l) Hand:
  rll / rll / rll /...
  rrl / rrl / rrl / ...
  rll rrl / rll rrl / rll rrl / ... (schwierig)
- Beim Tippen der TT-Bälle kann der Takt auch dadurch entstehen, dass immer an der gleichen Stelle der Reihe ein Ball mit mehr Tempo nach oben gespielt wird; wenn dabei laut mitgezählt wird, entstehen Reihen, die mit dem Erlernen des Einmaleins verbunden werden können.
  1 – 2 – **3** / 4 – 5 – **6** / 7 – 8 – **9** / ...
  1 – 2 – 3 – 4 – **5** / 6 – 7 – 8 – 9 – **10** / 11 – 12 – 13 – 14 – **15** /...
- Die Reihen lassen sich auch rückwärts zählen:
  32 – 31 – **30** / 29 – 28 – **27** / 26 – 25 – **24** / .... [Achtung: Jede dritte Zahl „fett"]
- Ab dem 1 x 6 ist es langweilig, jede Zahl mit zu zählen, daher wählen wir für das 1 x 6 und das 1 x 8 zweier Schritte, z. B. 2 – 4 – **6** / 8 –10 – **12** / ...
- Falls die Kinder schon über eine gute Balltechnik verfügen, sind in der Halle mit dem Plastikball auch kompliziertere Übungen möglich, z. B. zweimal den Ball mit dem Kopf spielen und einmal mit dem Oberschenkel, oder drei Kopfbälle gegen die Wand, einen Kopfball nach oben.

10.4 Tischtennis in den Pausen

An geeigneten Plätzen im Schulgebäude sollten Tischtennistische fest aufgestellt sein, und zwar so, dass sie nicht abgebaut werden können und auch mäßiger Gewalteinwirkung standhalten ohne umzukippen. Es können Netze aus Metall oder Holz verwendet werden. Günstig ist, wenn die Schüler für die großen Pausen Schläger und Bälle ausleihen können. Auf dem Schulhof sind Steintische vielfältig nutzbar, statt der Tischtennisbälle können auch größere Bälle mit der Hand oder mit dem Kopf gespielt werden. Auch hier sind Rundläufe sehr beliebt. Ungünstig ist allerdings, dass Tischtennisbälle auf Steintischen anders abspringen. Die Spielfreude ist auf Holztischen größer.

10.5 Turniere, Sportfeste, Schulfeste

Wettkämpfe in Form von organisierten Turnieren sind immer ein Höhepunkt für Tischtennisspieler, vor allem für die Schüler, die keinem Tischtennisverein angehören. Bei einer Schulmeisterschaft, an der alle Schüler teilnehmen können, werden zunächst, am besten am Ende einer Unterrichtsreihe „Tischtennis", die besten Spieler einer jeden Klasse ermittelt, danach in einem kleinen Turnier die besten eines Jahrgangs oder einer Schulstufe und zuletzt die Schulmeister. Das Turnier kann sich über mehrere Wochen hinziehen.

Sinnvoll ist es, die Vereinsspieler einer Schule zu ermitteln und diese im Sportunterricht oder in Arbeitsgemeinschaften als Zuspieler einzusetzen. Lehrer, die bislang wenig Praxiserfahrung mit Tischtennis haben, können mit diesen Spielern trainieren, um die eigenen Spielfähigkeit und ihr Verständnis des Spiels zu verbessern. Soll eine Schulmannschaft aufgebaut werden, hat dies häufig nur in Kooperation mit einem Verein Erfolg. Auch bei der Anschaffung von Tischen oder Schlägern sollte sich die Schule von Vereinstrainern beraten lassen.

Auf Sportfesten und Schulfesten können Aktionen wie „Schüler trainieren Lehrer oder Eltern" angeboten werden. An Rundlauftischen können Schüler, Eltern und Lehrer gemeinsam ihr Glück versuchen. Falls unter den Eltern Vereinsspieler sind, können diese mit den Schülern eine Vorführung von Trainingsformen oder Schlagarten organisieren. Außerdem können Videos von wichtigen Wettkämpfen, z. B. der Schulmannschaften, gezeigt werden.

2010 nahmen in Deutschland fast 20.000 Tischtennisspieler an der ersten Runde der Veranstaltung Jugend trainiert für Olympia teil. Jede weiterführende Schule kann in zwei Altersklassen antreten (WK3-Jungen/WK3-Mädchen/WK2-Jungen/WK2-Mädchen). Einschließlich eines Ersatzspielers besteht eine Mannschaft aus sieben Spielern. Über mehrere regionale Ausscheidungsturniere können sich die Mannschaften für das jährliche Bundesfinale in Berlin qualifizieren, zu dem die 16 Landesmeister antreten. Informationen hierzu gibt es unter www.jtfo.de.

DVDs, Broschüren und weitere Materialien für abwechslungsreiche koordinative Übungen für die Bewegungspausen im Unterricht liegen bei der Unfallkasse NRW für Mitglieder kostenlos vor und können über das Internet unter www.unfallkasse-nrw.de oder: www.regelwerk.unfallkassen.de bestellt werden.

Auch andere Landesverbände haben weiteres Material vorliegen. Kontakt zu den verschiedenen Landesverbänden erhält man über www.uk-bund.de.

Auf www.tischtennis.de gibt es im Shop des DTTB, teilweise kostenlos, Informationsmaterial, Broschüren und Urkunden zu folgenden Themen: Familienturniere, Schnupperkurse, Seniorensport, Mini-Meisterschaften, Sportabzeichen, Schulturniere. Auch können unter der Kategorie „Jugend" kostenlos Turnierbögen für einfache K.O.-Runden und für Turniere mit Trostrunde herunter geladen werden.

11 Tischtennis-Regelwerk

Ziel des Spiels ist es, den Ball über das Netz auf die gegnerische Tischhälfte zu spielen, möglichst so, dass der Gegner Fehler macht und man selbst den Punkt gewinnt. Der Ball kann auch um das Netz herumgespielt werden. Einen Punkt gewinnt man, wenn der Gegner den Ball nicht erreicht, ihn ins Netz, zu kurz, zu lang oder seitlich vorbei spielt. Der Ball muss exakt einmal auf dem Tisch aufticken, Volleys sind nicht erlaubt. Der Ball darf nur einmal mit dem Schläger, nicht mit anderen Körperteilen oder Kleidungsstücken berührt werden. Gewinner des Spiels ist derjenige, der zuerst drei Sätze gewinnt, auf internationalen Turnieren wird teilweise auch mit vier Gewinnsätzen gespielt. Wer elf Punkte erreicht, gewinnt den Satz, wobei nach jeweils zwei Punkten der Aufschlag wechselt. In der Verlängerung, ab 10:10, wechselt der Aufschlag nach jedem Punkt. Gespielt wird, bis ein Spieler zwei Punkte Vorsprung hat.

Nach jedem Satz werden die Seiten gewechselt, im Entscheidungssatz werden die Seiten während des Satzes gewechselt, wenn ein Spieler fünf Punkte hat. Immer wenn die Summe der gespielten Punkte eines Satzes durch sechs teilbar ist, können die Spieler eine kurze Handtuchpause machen, Gesicht und Hände kurz abtrocknen. Dies dient der Konzentration und ist insbesondere in schlechten Phasen eine gezielte kurze taktische Unterbrechung. Jeder Spieler bzw. Coach kann im Laufe des Spiels einmal eine maximal einminütige Auszeit nehmen. Diese wird signalisiert, indem beide Hände des Spielers ein T bilden. Bis die Auszeit vom beantragenden Spieler beendet wird, kann sich auch der Gegner coachen lassen. Ansonsten darf nur in den Satzpausen bis zu einer Minute gecoacht werden.

Bis 2002 ging ein Satz bis 21, der Aufschlag wechselte nach jeweils fünf Punkten, gespielt wurde mit zwei Gewinnsätzen.

Beim Aufschlag wird der Ball zuerst auf die eigene Tischhälfte gespielt, bevor er in der gegnerischen Hälfte auftrifft. Der Ball muss vor dem Aufschlag auf der flachen Hand liegen und mindestens 16 Zentimeter möglichst senkrecht hoch geworfen werden. Die Hand muss sich vor Abwurf über Tischhöhe und hinter dem Tischende befinden. Der Gegner muss den Ball während der gesamten Aufschlagphase sehen können. Ein Aufschlagfehler wird direkt als Punkt für den Gegner gewertet; sobald der Ball hochgeworfen wird, hat der Ballwechsel begonnen. Auch wenn der Ball wieder aufgefangen wird oder nicht berührt wird, ist dies als Aufschlagfehler zu werten. Jede nicht regelkonforme Aufschlagausführung ist ebenfalls als Punkt für den Gegner zu werten. Typische Fehler bei Anfängern sind:

- Der Ball wird nicht hochgeworfen.
- Die Hand umschließt vor Abwurf den Ball.
- Der Ball wird über dem Tisch gespielt.

Bei Netzaufschlägen wird der Aufschlag wiederholt, im weiteren Verlauf eines Ballwechsels wird normal weitergespielt, falls der Ball das Netz berührt. Es hat es sich eingebürgert, dass der Spieler zur Entschuldigung kurz die Hand hebt, wenn ein Netz- oder Kantenball zum Punktgewinn führt. Auch Netzpfosten und -klemmen zählen als Netz.

Im Doppel wird der Aufschlag immer von der eigenen rechten Tischhälfte diagonal in die gegenüberliegende linke Tischhälfte eingespielt. Der Ball muss anders als beim Tennis immer abwechselnd gespielt werden. Wenn vom Doppel 1 Spieler A zweimal auf Spieler A aus Doppel 2 aufgeschlagen hat, schlägt als nächstes Spieler A aus Doppel 2 auf Spieler B aus Doppel 1 auf: Der Rückschläger schlägt also immer als nächster auf.

Ein Tisch ist 2,74 m lang, 1,525 m breit und 76 cm hoch. Das Netz hat eine Höhe von 15,25 cm, der Ball einen Durchmesser von 40 cm. Wettkampfmaterial muss von der ITTF zugelassen sein. Ein Belag muss schwarz sein, der andere rot.

Regeln stehen beim DTTB unter www.tischtennis.de/fuer_aktive/regeln zum Download bereit. Das aktuelle offizielle ITTF Handbook der International Table Tennis Federation ist unter www.ittf.com/ittf_handbook/ittf_hb.html einzusehen.

12 Literatur

Adomeit, Martin: (1992a): *Taktiktraining: Erlernen der Taktik gegen VH/RH-dominante Spieler Teil 1.* In: VDTT-Trainerbrief (5).

Adomeit, Martin (1992b): *Taktiktraining: Erlernen der Taktik gegen VH/RH-dominante Spieler. Teil 2.* In VDTT-Trainerbrief (6). S. 17–19.

Berlyne, D.E. (1974): *Konflikt, Erregung, Neugier.* Stuttgart.

Beudels, Wolfgang (2007): *Kinder lernen in und durch Bewegung. Theoretische Hintergründe und praktische Konsequenzen.* In: Beins, Hans Jürgen (Hrsg.): *Kinder lernen in Bewegung.* Dortmund. S. 147–171.

DTTB: *Sport und Organisation.*
Auf: http://www.tischtennis.de/dttb/sport_und_organisation/ (abgerufen am 2. März 2011)

Felke, Jens (1997): *J-O Waldner, Geheimnisse eines Genies.* Sportförlaget.

Friedrich, Wolfgang (2005): *Koordination. Gefühl für Zeit und Raum.* In: dTS 07/05, S. 48–51.

Fürste, Frank (2008): *Aufschlag/Rückschlag. Neue Aspekte im Anfänger- und Fortgeschrittenen-Training.* In: VDTT, Trainerbrief (3).

Gallwey, Timothy (1975/1986): *The Inner Game of Tennis.* Basingstoke/Oxford.

Gardner, Howard (2002): *Intelligenzen. Die Vielfalt des menschlichen Geistes.* Stuttgart.

Geske, Klaus/Müller, Jens (2011): *Tischtennis Taktik. Dein Weg zum Erfolg.* Aachen.

Hageman, Norbert (2009): *The Advantage of Being Left-Handed in Interactive Sports.* In: Attention, Perception and Psychophysics 71/7, S. 1641–1648.

Heckhausen, Heinrich (1989): *Motivation und Handeln.* Berlin.

Herrmann, Johannes (2007): *Training mit Anfängern und Kindern.* VDTT-Trainerbrief (3), S. 4–11.

Klimt, Ferdinand (1981).: *Die Gestaltung der Schulpause aus sozialpädiatrischer Sicht.* In: Sozialpädiatrie 3, S. 82–87.

Krämer, Achim (2001a): *Trainingspläne als Hilfe für die Trainingsgestaltung: Aggressiver Schupf.* In: TTL (1) S. 20–23.

Krämer, Achim (2001b): *Trainingspläne als Hilfe für die Trainingsgestaltung. Vorhand-/Rückhanddominanz.* In: TTL (2), S. 18–21.

Krämer, Achim (2008): „Grundlagen des Aufschlag-/Rückschlag-Spiels. In: VDTT-Trainerbrief (3), S. 4–9

Kröger, Christian/Roth, Klaus (2005): *Ballschule. Ein ABC für Spielanfänger. Sportspiele.* Schorndorf.

Langham, Jimmie (2001): „Basiswissen Aufschlag. Teil 1 – Taktische Aspekte.“. In: VDTT-Trainerbrief (4), S. 28–35

Langham, Jimmie (2002): „Basiswissen Aufschlag. Teil 2 – Technische Aspekte.“. In: VDTT-Trainerbrief (1), S. 20–27

Mayr, Claus/Förster, Moritz (2002): *Neues aus dem Flow-Kanal.* VDTT-Trainerbrief (2), S. 16–31.

Mayr, Claus/Schnabel, Gerrit (2010a): *Tischtennis in der bewegungsfreudigen Schule (I).* In: Sportpraxis (51/1+2/2010), S. 47–53.

Mayr, Claus/Schnabel, Gerrit (2010b): *Tischtennis in der bewegungsfreudigen Schule (II).* In: Sportpraxis (51/3+4/2010), S. 43–48.

Meinel, Kurt (1976): Bewegungslehre. Berlin.

Müsseler, Jochen/Prinz, Wolfgang (2002): *Allgemeine Psychologie.* Heidelberg.

Östh, Glenn/Felke, Jens: Wie wird man Nr. 1 im Tischtennis? Aachen.

Schimmelpfennig, Dirk (2011): Gegen den Lauf gespielt. In: tischtennis (2), S. 36f.

Spitzer, Alois (2004): *Neue Regeln – neues Coaching.* In TTL (3), S. 14–18

VDTT (2003): *Lexikon Vorhand/Rückhand-Griff.* In: TTL 01.

Weineck, Jürgen (2007): *Optimales Training.* Balingen.

13 Übungen – Übersicht

1–25 ALT: Alternative Spielformen

26–34 O/W : Offenes Spiel/VH-/RH-Wechsel

35–62 AR: Aufschlag Rückschlag

35–41 AR: Übungen mit langen Aufschlägen

42–45 AR: Übungen mit kurzen Aufschlägen

46–47 AR: Übungen mit langen oder kurzen Aufschlägen

48–54 AR: Übungen für VH-Eröffnung

55–58 AR: Übungen für RH-Eröffnung

59–60 AR: Unregelmäßige Aufschlag-Rückschlag Übungen?

61–62 AR: Abwehr/Spiel gegen Abwehr

63–74 BE: Balleimer

14 Schlagwortregister